祇園の祇園祭

神々の先導者 宮本組の一か月

Masateru Sawaki
澤木政輝

平凡社

７月１日の吉符入の祭典開始を前に石ノ間と拝殿に並んだ宮本組。近年は黒半纏姿が定番になりつつある

同日の神宝籤取では名前を呼ばれた組員が一人ずつ三宝の前に進んで籤を引く

7月10日の神事用水清祓。宮川堤に設けられた祓所で神用水が清められる

7月10日の神輿洗式。神職の手で大松明に白朮火が点火される

7月10日、神輿洗を前に行われる道調べの儀。四条大橋の上に垂直に大松明を立て、「マワセィ、マワセィ」の掛け声とともに火の粉が散る

7月10日の神輿洗。ご神水に浸した榊の大麻を神職が左、右、左と振って神輿が清められる

7月15日、宵宮祭の祭典を終え舞殿の神輿に向かって拝礼。宮本組も紋付羽織の礼装で拝礼する

7月17日の神幸祭。石段下を進む神宝行列の勅板

7月19日の御旅所詣。揃いの黒半纏姿で柏手を打つ

７月23日の又旅社オハケ神事。御幣を立てた斎芝をお祓いする神職

７月24日の還幸祭で四条堀川周辺を進む神宝行列。円融天皇の勅板のほか、御鉾、御楯、御弓、御矢、御剣、御琴を宮本組が捧持する

7月24日の還幸祭。中御座の神輿が又旅社に到着して奉饌祭が執り行われる

7月28日、後の神輿洗。西の空が夕焼け色に染まるなか、いつまでも四若の若衆たちの掛け声が響く

7月31日の疫神社夏越祭。森壽雄宮司による祝詞奏上

みやび会お千度。毎年新しい浴衣で芸舞妓らが参拝する

祝辞

八坂神社宮司　森壽雄

祇園祭は古くは祇園御霊会《ごりょうえ》といい、貞観十一（八六九）年国内に疫病が流行したとき、勅を奉じて神泉苑に当時の国の数六十六本の矛を立て神輿を送り、国家の安寧と厄災消除を願ったことに由来する八坂神社の祭礼です。

御霊会は元来、疫病の流行を世の中に恨みをもって亡くなった御霊のなせる業としてそれを鎮めるために行われた祭のことでした。祇園御霊会は、祇園の神を祀って厄災を祓うことを祈念したものです。

祭の中核を成すのは神輿渡御です。七月十七日（旧暦六月七日）八坂神社を出発した三基の神輿は、四条寺町の御旅所へと渡御します。そして七月二十四日（旧暦六月十四日）、氏子区域を廻り本社へと還ります。

一方、この神輿に伴う風流として生まれたのが有名な山鉾です。山鉾は祭礼の神賑わいであると同時に、それそのものが京都の町を巡って疫神を集める役割を持つとされております。山鉾は八坂神社が出す神輿に対し、その成立当初から氏子区域に所在する山鉾町の人々を中心とした町衆の手によって守り伝えられており、山鉾巡行をはじめとする一連の行事は、各町と各町が集まり組織された山鉾連合会により行われます。

祇園祭はこのように神社の祭と町衆の祭が習合し、つくりあげられている祭です。

明治八（一八七五）年九月十五日に誕生した氏子組織、清々講社（現二十五学区）のうち、宮本組は弥栄学区にあたります。

その設立を八坂神社の社務日誌は、「清々講社宮本組入講式総人数八十五人」（明治八年十一月一日条）と伝えています。設立についての詳しい記録を欠きますが、明治以前から京都の町に根付いていた自治組織を下敷きとして、八坂神社のお膝元、お宮の本に住まう人々によって組織されたのが、「宮本組」でありました。そして当時、清々講社の第一号に位置付けられました。

祇園祭において宮本組は現在、神輿渡御にあたり、神輿に先立ち進む神宝捧持列、また十日、二十八日の神輿洗にご奉仕いただき、その威儀ある姿は祇園祭に欠かせないものです。

また、現在御本殿をはじめとする遷座祭においては、遷御の御霊代を蓋う絹垣のご奉仕を願っております。そのきっかけは、日頃より常に大神様を第一にご奉仕いただいております姿にお応えしてのことでありました。

さらに、宮本組の組員が中心となり立ち上げられた宮本組雅楽班の活動は、平成十九（二〇〇七）年西楼門修復竣功での奏楽以来、毎月一日、十五日の月次祭や、摂末社の遷座祭での奏楽に及び、大神様への奉仕を主たる目的として日々研鑽を積んでおられます。近年はこの雅楽班への参加をきっかけに祇園祭に興味をお持ちいただく方、さらには宮本組へ参入される方もおられるとのこと、頼もしい限りであります。

明治時代に、杉浦治郎右衛門氏をはじめとする祇園町の旦那衆により結成された弥栄雅楽会と共に、当社の神事をお支えいただいておりますことは、誠に有り難いことであり、まさにこれからの弥栄を心から願っております。

いよいよ、創始より千百五十年目の祇園祭がはじまります。宮本組をはじめ祇園祭にご奉仕いただく皆様と共に、「神人和楽」の精神のもと、本年も盛大に祇園祭が執り行われますことを祈念申し上げます。

令和元年七月一日記

発刊によせて

宮本組組頭　原悟

祇園祭は七月一日から一か月間に及ぶ八坂神社の祭礼です。その八坂神社の「お宮の本の氏子」として神事の中核を担い、ご神宝を預かって神輿を先導するのが宮本組です。祇園祭は日本三大祭の一つであり、国内のみならず世界中から多くの観光客が訪れますが、古くは祇園御霊会と呼ばれ、貞観十一（八六九）年に国内各地で発生した厄災、疫病を祓うため、平安京の庭園であった神泉苑に、当時の国の数である六十六か国にちなんで六十六本の矛を立て、祇園の神を祀り、さらに神輿を送ったことがはじまりとされています。

動く美術館と言われ注目を浴びる「山鉾巡行」は、本来神輿渡御の前に山鉾が洛中を巡行し、穢れを集め清める行事であり、祇園祭の神事の中心は実は神輿渡御にあります。神輿は三基あり、氏子地域をくまなく回るためにそれぞれ違った順路で進みます。宮本組はこれまで、別格のご神宝である勅板を先頭に中御座を先導してまいりました。しかし江戸時代までは、神輿が分かれる際に神宝行列も分割し、それぞれの神輿に供奉していたことが当時の資料からわかったのです。

私は平成二十七（二〇一五）年に宮本組組頭を拝命したとき、どうにかして以前のように三基の神輿それぞれに神宝行列が供奉する形を実現したいと思いました。神輿渡御に供奉する本来の形に戻すのです。

しかしそれには多くの問題がありました。一つには人員的な問題です。神宝行列は、単にご神宝を捧持して歩くという単純なものではありません。役員や列方など、ある程度の人員が必要です。神輿の速度を見ながら、神輿会の役員との連携や、交通規制の警察官とのやりとり、行列自体の隊列を整えるなど終始気を配らなければなりません。

二つ目には調度品の問題です。すべての調度品を三基分揃えるとなると大変なことです。そして、変更するにあたって、関係者の理解が得られるかというのも大きな問題でした。

私は宮本組の組員に対し諸行事への積極的な参加を呼びかけ、祇園祭や宮本組の役割などについて講演するなど組員の祇園祭への意識向上に努めてまいりました。人が人を呼び、組員の数は七十名を超え、さらに増える勢いです。

こうして私の思いは森宮司はじめ清々講社、三社神輿会の方々の理解が得られ、ついに祇園祭千百五十年の節目に当たる令和元（二〇一九）年の祇園祭で、宮本組神宝行列は三基それぞれに供奉するという本来の神輿渡御の形を取り戻すことになったのです。

組員は増えましたが、調度品の方は費用のかかることであり、なかなか一度に揃えることは困難です。初年度はまず、高張提灯と朱金棒（チャリン棒）を三対新調いたしました。朱金棒も最近では入手が難しく、ようやく形が同じようなものを、装束を取り扱う店で購入できたものの、すぐには間に合いませんがそれに朱金を施す必要があります。調度品は可能な限り昔と同じような本物を揃えたいと考えています。それは宮本組の中には日本の伝統産業に携わる者が多数おり、本物の調度品を揃えていくことが日本の伝統、文化、職人を守り継承していくことにつながると思うからです。

当面は調度品を揃えていくことが宮本組の大きな目標ではありますが、また何かの資料や文献で新たに過去の祇園祭に関係する事実が判明した時は、そのように戻すように努めていきたいと思っています。

祇園に生まれ育った私や宮本組は、誰に強いられるわけでもなく当たり前のように自然に祇園祭に奉仕する使命感を抱いております。組頭である私は、次の世代へ引き継ぐという責任はありますが、宮本組の歴史の中の単なる通過点の一つにすぎません。戦前戦後は物資もなく、それこそぼろぼろの衣装で神宝行列を行っていました。時の流れとともに神宝行列の姿形は変わることがあっても、古の人々が神輿を送って国の平安を願った思いは変わりません。平成の御代が終わり新しい時代を迎え、何が変わろうとも宮本組は、気持ちを引き締めてこれからも変わらずご奉仕を続けていく所存です。

令和元年七月吉日記

祇園の祇園祭◉目次

第三章　祇園祭の起源と変遷 ………………………… 163

第四章　祇園町のお祭……241

祇園の祇園祭——神々の先導者 宮本組の一か月

氏子区域図

八坂神社の氏子区域　弥栄学区　山鉾町（いずれも概略で精確なものではない）

はじめに

京都・八坂神社の祇園祭は毎年七月の一か月にわたって繰り広げられ、華麗な山鉾と勇壮な神輿が、真夏の古都を彩っている。

八坂神社の氏子区域は、南北はおおむね松原通から二条通まで、東西は東山から千本通までを領域としており、京都市の中心部に広がっている。明治八（一八七五）年に学区（第三章で詳述する、江戸時代の町組《ちょうぐみ》に由来する自治組織の単位）ごとに組織された清々講社が氏子をまとめ、神社の護持や祭礼の奉仕にあたっている。また、山鉾行事は各山鉾町が保存会を組織し、その連合体である祇園祭山鉾連合会が運営。神輿渡御は神事として神社が管轄し、三若《さんわか》、四若《しわか》、錦《にしき》の三社神《さんじゃみ》輿会《こしかい》に所属する輿丁《よちょう》たちが、それぞれ中御座《なかござ》、東御座《ひがしござ》、西御座《にしござ》の三基の神輿を担いでいる。

八坂神社の門前町として発展し、日本最大の花街として知られる祇園町《ぎおんまち》は神社が所在する弥栄《やさか》学区の大半を占めている。弥栄学区の氏子組織は、清々講社《せいせいこうしゃ》の一つとして役割を分担する一方で、明治以前から神社のお膝元としてご奉仕してきた由来から「宮本組《みやもとぐみ》」を称し、祇園祭では神輿洗《みこしあらい》神事を所管するほか、神幸祭、還幸祭の神輿渡御ではご神宝を捧持して供奉し、行列を先導する中核的な役割を担っている。

いうまでもなく、祇園祭は八坂神社の祭礼なのであるが、一般の市民や観光客にしてみれば、山鉾巡行が祇園祭のハイライトであり、数々の山鉾が建ち並んで祇園囃子が流れるなか、屋台店を訪ねてそぞろ歩く宵山の喧噪こそが祇園祭のイメージであるようだ。宵山には山鉾町から八坂神社までの四条通が歩行者天国になるが、神社の周辺には山鉾も屋台もないので、かつては通りかかった観光客から「祇園では祇園祭やってないんですか？」などと聞かれて仰天することもあった。

私は神社から西に約百五十メートルの祇園東富永町で生まれ育ち、中学三年のときから宮本組で祭にご奉仕してきた。私の家は明治の初めごろから現在の祇園東の花街でお茶屋を営み、曾祖父や祖父も宮本組でご奉仕した記録が残っている。関係者の尽力もあって、近年は神輿にも注目が集まり、神幸祭で三基の神輿が揃い踏みする石段下交差点などは鈴なりの人波で埋まるようになった。しかし依然として、山鉾行事について語った書物は数多あるが、祇園祭の神輿について語られた書物は数少ない。本書では、代々にわたって神輿渡御に携わってきた祇園町の氏子の視点から、祇園祭を語りたい。

宮本組は祇園町の男たちの集まりであり、女の世界である祇園の花街とは表裏一体でもある。花街として知られる祇園町と、祇園祭の知られざる関わりについても併せて紹介していくこととしたい。

第一章

祇園祭千百五十年

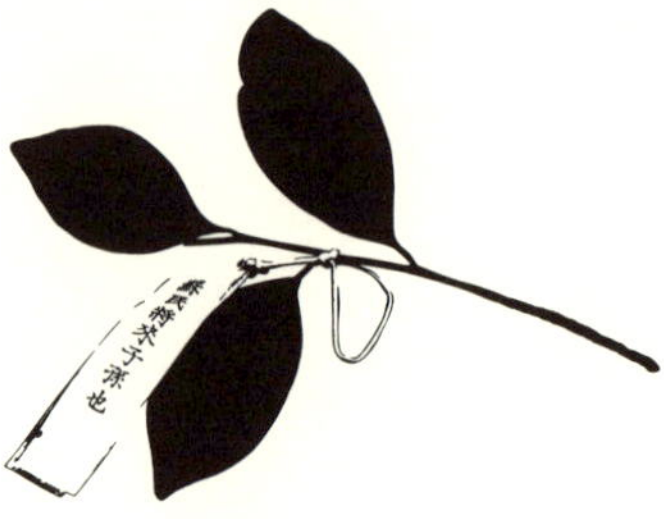

比類なき山鉾行事

祇園祭はかつて祇園御霊会《ぎおんごりょうえ》、祇園会《ぎおんえ》と呼ばれ、古くから京洛随一の大祭として貴賤の賞翫を受けてきた。現代でも日本三大祭、京都三大祭の一つとされ、昭和五十四（一九七九）年には国の重要無形民俗文化財に、平成二十一（二〇〇九）年には国内の祭礼行事で初めて、ユネスコの無形文化遺産に認定されて、内外から注目を浴びている。

このように評価される祇園祭の特異性は、ひとえに山鉾行事の華麗さ、壮大さにあるだろう。室町時代から明治維新に至るまで、京都の室町は呉服商が建ち並ぶ国内最大の富の集積地であったが、まさにその地域が、現在の八坂神社の氏子区域であり、祇園祭の担い手であった。日本を代表する豪商たちが、その威信にかけて生み出したのが絢爛豪華な山鉾なのである。山鉾を飾る懸装品には、華やかな錺金具や染織をはじめ、鎖国の時代にかかわらず、オランダ船を通じて舶載されたベルギー製のタペストリーなど、貴重な品々が惜しみなく使われているのが特徴だ。

背景には室町時代に町衆の自治が進み、洛中が丸焼けになった応仁の乱をはさんで、「惣構え」に囲まれた上京、下京の市街が成立した、という時代性があるようだ。町木戸で区画された通りの両側の家々で構成する「両側町」が構成され、自治独立を強めるにあたって、それぞれの町単位で、祭に風流行事として工夫を凝らした山や鉾を出すようになったのである。

天文二（一五三三）年に法華一揆などの影響で祇園会が中止された際に、町衆が「神事これなくとも山鉾渡したし」との声明を発して山鉾巡行を強行したのはよく知られているところだ。これを、山鉾行事が神事を離れた一種のイベントとなっていたことを語るエピソードのように捉える向きもあるが、むしろ祭を振り回す権力側（この場合は当時、感神院祇園社と本末関係にあった比叡山である）に対する民衆の独立と抵抗を示すエピソードとして捉えるべきだろう。応仁の乱の中断から復興したこのころには、祇園会の山鉾はほぼ現在と同様の形式に至っている。担い手

前祭の山鉾巡行で四条通を進む長刀鉾

である町衆の力が、権力に対抗し得るほど強いものになったのと同時に、祇園会もほかに類例のない祭礼として注目されるようになったということができる。

実は、無形文化財への指定も、世界遺産登録も、祇園祭全体ではなく「京都祇園祭の山鉾行事」になっている。祇園祭が世界的に注目される祭である理由はひとえに、比類のない山鉾行事の存在ゆえなのである。

祇園祭の起源

一方で、神事としての祭の中心は平安時代の発祥から現在まで、一貫して神輿渡御にある。祇園祭がそもそもどういう形で起こったものかに目を転じてみよう。

祇園祭の発祥は平安時代初期。都が長岡京から平安京に遷ったのも、桓武天皇が弟の早良親王の祟りを恐れたからだとされるが、当時は御霊信仰が盛んな時代だった。天災や疫病は、怨みを飲んで非業の死を遂げた人々の怨霊によるものとみなし、これらの人々を御霊として祀り鎮めることで、祟りを免れようとするものである。京都には今も上御霊神社と下御霊神社、二つの御霊神社があって、祟りを鎮めるために「崇道天皇」の尊号を諡られた早良親王をはじめ、井上内親王、伊予親王、藤原吉子、橘逸勢、文室宮田麻呂ら、謀反の嫌疑をかけられて死んだ人々が「八所御霊」として祀られている（八人の名は両神社によって多少異なる）。左京区上高野には早良親王を祀る崇道神社があるし、「学問の神様」として菅原道真を祀る天神信仰（京都では北野天満宮）

も、元来は御霊信仰だ。京都は怨霊の都だったのである。

御霊を祀って災厄退散を祈る祭礼が「御霊会」である。記録に残る最古の御霊会は清和天皇の貞観五（八六三）年五月二十日、勅使として左近衛中将藤原基経らを神泉苑に遣わし、六所の御霊を祀って金光明経を講じ、舞楽を奏し、雑伎、散楽の技を競って庶民の観覧を許した、とされるものだ（『日本三代実録』巻第七）。また、同巻第十一の貞観七（八六五）年六月十四日の条には、「京畿七道の諸人が事を御霊会に寄せて私に徒衆を集め、走馬騎射することを禁じた」旨が記されており、御霊会が広く人口に膾炙していたことが推察される。

御霊会の「会《え》」とは、灌仏会や大嘗会などと同様に「祭礼」を意味するもの。神泉苑は現在も二条城の南にある苑池だが、当時は大内裏の南東に接して八町を占めた広大な禁苑で、太古の昔、京都盆地全体が巨大な湖だった名残ともいわれる。当初は天皇による饗宴の場だったが、天長元（八二四）年に弘法大師空海が善女龍王を勧請して雨乞いの修法を行って以来、祈禱の場となったものだ。この御霊会が、両御霊神社の創祀ともされている。

また、上古から疫病が起こるのは晩春の花の散るころ、疫神《えきじん》が花びらに乗って散るためと考えて、これを鎮める鎮花祭が行われ、京域への疫病や魑魅魍魎の侵入を防ごうと、都の周囲や街道で神を祀る疫神祭や道饗祭《みちあえさい》といった風習があった。やがて本来の御霊、つまり怨霊ではないが、疫病を鎮める神とされた祇園の神を祭神として、神泉苑で行われるようになったのが「祇園御霊会」というわけである。

社伝では、明治以降に失われたとされる社記『祇園社本縁録』に、清和天皇の貞観十一（八六九）年、天下大疫のとき、宝祚隆永、人民安全、疫病消除鎮護のために、卜部日良麻呂が勅を奉じ、六月七日に全国の国数にちなんで六十六本の矛を建て、十四日に洛中の男児および郊外の百姓を率いて神輿を神泉苑に送った、と記録されているといい、これが祇園御霊会の嚆矢だとされている（失われた『祇園社本縁録』の謎については、第三章で解明を試みる）。似たような記述は別の社記『祇園社本縁雑録』にもあって、こちらは同年に八坂郷に疫神を祀った、との記述になっ

令和元年６月８日、祇園祭1150年を記念して京都市内11神社の剣鉾15基が二条城で「剣鉾差し」を披露した

ている。この年は全国的な疫病の流行に加え、五月二十六日には東日本大震災と同じ三陸沖を震源とする貞観地震が発生し、家屋の倒壊や津波で千人を超える死者が出ており、当時の人々の危機感は想像に難くない。

このとき建てられた六十六本の矛は長さ二丈ほど（約六メートル）もあって長柄の先に鈴が取りつけられていたといい、現在も各地の祭礼で見られる剣鉾のようなものだと考えられているが、これが後に、当時の大嘗会に登場していた標山《ひょうのやま》をまねて台車に取りつけられるようになったのが、現在の祇園祭の鉾の原形とされている。

六月七日に神を迎え、七日後の十四日に神輿を神泉苑に送って御霊会を行うという祭の形式は、明治時代に新暦の採用により月遅れの七月十七日、二十四日に改められて現在まで続いており、千百五十年にわたって受け継がれる由緒あるものである。

一方、卜部氏の後裔である吉田兼倶の『中臣祓抄』には、貞観十八（八七六）年、疫神が祟りをなすので先祖の日良麻呂が京中の男女を率いて六月七日、十四日に疫神を神泉苑に送り、「以後年々引き続いたのを祇園会という」とある。貞観十一年説、貞観十八年説は祇園社の鎮座の年とする史料もあり、祇園会が始められたその年に祇園社が現在地に鎮座したものか、鎮座の時期と祇園会開始の時期が取り違えられたものか、あるいは社殿の造営など別の何事かと混同されたものか定かではないが、いずれにせよこの時期には現在地に祇園の神を祀る社があり、ここから神泉苑に神輿を送って災厄を祓う祇園御霊会が始まったものとみられる。

八坂神社では社伝による貞観十一年を祇園祭の発祥の年としており、御代替わりの令和元年、

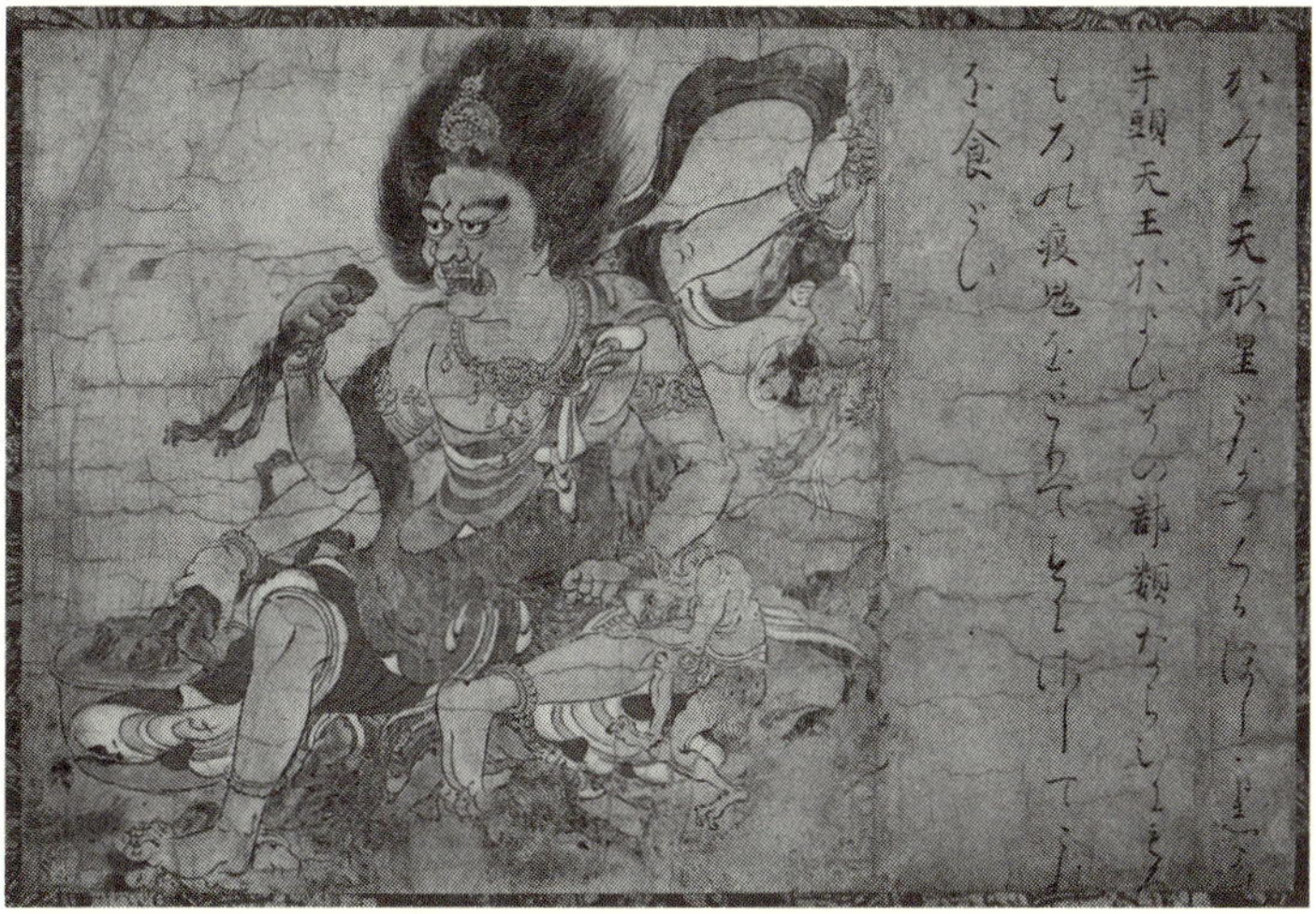

牛頭天王をかじる天刑星を描いた《辟邪絵》（国宝、奈良国立博物館蔵）

二〇一九年はちょうど千百五十年にあたるということで、氏子一同気を引き締めて神事奉仕に臨んでいる。

疫神ということ

疫神ということについて、疫病を流行らせる疫病神、行疫神であるとする考えもある。奈良国立博物館所蔵の国宝《辟邪絵》（平安時代末期から鎌倉時代、十二世紀）には、道教神の天刑星が、祇園の神とされた牛頭天王をはじめとする疫鬼をわしづかみにしてかじる姿が描かれており、牛頭天王は疫病を流行らせる行疫神の代表的存在として扱われている。たしかに、「祟りをなす怨霊を慰めて鎮める」のが御霊会の趣旨だったとすれば、「行疫神を祀り鎮めて疫病を退散させる」のが祇園御霊会の趣旨だとしたほうが理屈に合うともいえる。

一方で中世以来、天刑星も牛頭天王と習合され、祇園の神は牛頭天王にして素戔嗚尊垂迹、本地薬師如来、またの名を武塔神、陰陽道では暦神である天道神とされ、さらに道教の天刑星や、仏教説話に登場する北天竺王舎城の商貴帝と同一体だとされてきた。『釈日本紀』に引用された『備後国風土記逸文』に由来する蘇民将来説話では、武塔神が素戔嗚尊と名乗って蘇民将来を疫病から守護しており、行疫神ではなく防疫神として描かれている。

牛頭天王は仏教説話によると天竺の祇園精舎の守護神とされているが、実はインドや中国の経典には記されていない由緒不明の神であり、元来、疫神としての性格をみることはできない。素戔嗚尊も『日本書紀』や『古事記』の神話で「荒ぶる神」として描かれているが、疫病との関係はない。そうすると蘇民将来説話こそが祇園の神が疫神と捉えられるようになった根拠とみられ、行疫神ではなく防疫神の性格が本分だとも考えられる。

祇園祭ではこの説話にちなんで「蘇民将来子孫也」の札がつけられた粽が授与され、氏子の家々の門口に飾って災厄を除ける習いとなっている。少なくとも一定の時代以降は、祇園の神は防疫神として崇められており、その力によって災厄退散を祈るのが祇園祭の意味だということができるだろう。

神事の中心は神輿

祇園御霊会の開始についてはほかにも、『二十二社註式』に天禄元（九七〇）年、『社家条々記録』に天延二（九七四）年、『年中行事秘抄』には天延三（九七五）年と諸説あって定かではない。八坂神社の由緒と祇園祭の発祥については、第三章で諸説を紹介して改めて検討したい。

このうち、『社家条々記録』の記述はこの年に御霊会を始めるにあたって高辻東洞院の方四町の地を御旅所として寄せられ、大政所と号した、というものである。また、『祇園社記』巻第二十三『大政所之記』には、円融天皇の天延二年、高辻東洞院に住む秦助正に神託があり、庭の塚から延びた蜘蛛の糸が祇園社の神殿まで続いていたことを朝廷に奏聞したところ、助正を神主とし、その居宅を御旅所とするよう宣下された、とある。

注目すべきは、勅命によって御旅所が定められた点だ。貞観十一年説の当否はともかく、平安時代初期から官民を問わず盛んに御霊会が営まれていたことは確かで、やがてそれが祇園の神を祀って災厄退散を祈る祇園御霊会に移行した、とみることが自然だろう。御旅所は定期的に神輿が渡御することを前提に設けられるものなので、勅命による御旅所の設置は、祇園御霊会がこのときから毎年、朝廷による官祭として行われるようになったことを意味している。

『年中行事秘抄』の記事は「天延三年六月十五日、祇園御霊会に始めて楽人走馬を献じられた」というもの。これは六月十五日の年中行事「感神院走馬勅楽等事」つまり、天延三年に始まり定例となった「祇園臨時祭」についての説明であり、御霊会の開始を意味するものではないと解することができる。

臨時祭は延喜式に定められた恒例祭以外を指すので、特に賀茂、石清水、祇園の臨時祭は定例化して、毎年宮中より勅使が遣わされて奉幣や歌舞・走馬の奉納があった。祇園祭では、旧暦六月十四日に神泉苑で御霊会を行って神輿が還幸し、翌日に宮中より勅使が参向する形が定着し、現在も六月十五日に本殿で営まれる八坂神社例祭の由来となっている。『日本紀略』同年六月十五日の条にも、前年の秋に帝が疱瘡を悩ませられて御願あり、その賽として太政大臣藤原兼通を参向させて「走馬勅楽東遊御幣を感神院に奉られた」とあるから、確かな事実である。

『年中行事秘抄』の記事中には「近例十四日を祇園御霊会と称し、貞観年中より人馬を停止《ちょうじ》する宣旨を下されたが、尚参会する」ともあるから、すでに貞観年中から始まっていた祇園御霊会に合わせて、天延三年から勅使参向による臨時祭が始まった、という意味だと分かる。

これらを考え合わせると、平安時代初期から行われていた祇園御霊会が、少なくとも円融天皇の御代には朝廷による官祭となり、毎年の恒例として行われるようになった、ということができるだろう。

現在も、神輿渡御の際に宮本組が捧持して行列の先頭を行く「勅板《ちょくばん》」という別格のご神宝がある。正式には「円融天皇勅裁御板」と呼ぶもので、円融天皇の勅命により祇園祭の神輿渡御を行う旨が記された板を掲げることで、祭の正統性を示すものだ。

『祇園会細記』、『祇園社年中行事』など江戸時代の絵図や記録には「御式札」と書かれ、中御座、東御座の神輿の直後にこれを掲げて渡御したことが分かる。古書には「円融院宸翰」と書いたものもあり、円融天皇の直筆による勅命が記されているとも考えられていたようだ。

実際には、秦助正が神託を受け、円融天皇の勅命で御旅所が定められた由緒が記されており、文面に「先祖助正」とあることから、室町時代中期まで大政所御旅所の神主を世襲していた助正の子孫が、神輿渡御の正統性を示すために記したものとみられる。現物は紅地の錦に包まれており、文面を拝むことはできないが、かつて拝見したX線写真には、墨痕も黒々と記された文面が浮かび上がっていたのを覚えている。

明治維新の一連の改革により官社の制が敷かれるとともに、従来の官祭も整理され、祇園祭は八坂神社氏子による私祭ということになったが、今も勅板を掲げて神輿渡御を続けているのは、円融天皇の勅命を受けて祇園祭を斎行しているという大前提があるからだ。とりわけ勅板を預かる宮本組では、強く意識されている歴史的経緯である。

祇園祭は円融天皇の勅命を受け継ぎ、全国の災厄を祓い、天下万民の無事を祈るための祭だ。山鉾巡行の本来の意味は、神輿が渡御する洛中を巡行して穢れを集めて回り、祓い清め、人々が集まる神賑わいを創出することにあり、神事の中心は神輿渡御にある。

森壽雄宮司をはじめとする神社関係者は常々強調されていることであるが、祇園祭は観光行事ではなく、八坂神社と氏子による神事である。そこには山鉾と神輿の区別はなく、山鉾関係者も各町に神職を迎えて神事を行い、神輿が御旅所に駐輦する期間は交代で祇園囃子を奉納するなど、神様にご奉仕するという意識は色濃くもち続けている。

千百五十年目の祇園祭復興

貞観十一（八六九）年の祇園御霊会開始から千百五十年になる令和元（二〇一九）年の祇園祭は、

山鉾、神輿ともに、古儀復興の大きなトピックを控えている。

まず山鉾では、約二百年ぶりの復活に向けて機運を高めている鷹山が、八坂神社の神号軸をご神体として納めた「唐櫃巡行《からびつ》」で後祭《あとまつり》の巡行に参加する。三条通室町西入衣棚町の鷹山は、鷹狩の鷹を左手にとまらせた狩衣姿の鷹匠と、黒ブチの犬を曳いた犬飼、樽を背負って座り、粽を逆さにして持つ姿が「粽食べ」と呼ばれてユーモラスな樽負《たるおい》の三体の人形を載せた曳山である。応仁の乱以前から巡行しており、鬮《くじ》取らずでしんがりの大船鉾の前を巡行した由緒ある山だが、文政九（一八二六）年の巡行中に台風で屋根が飛ばされるなど大破して休み山となり、元治元（一八六四）年の禁門の変による大火でご神体の人形と鉦の一部を残して焼失した。

仮の装束をつくってご神体に着せ、宵山に飾る居祭《いまつり》を長年続けてきたが、平成二十六（二〇一四）年の大船鉾復活に触発されるかたちで、同年から町内の有志と縁者が集まって囃子方を再興。通年の稽古でめきめきと腕を上げ、近年は宵山の囃子に人だかりがしている。鉾のように人が乗る曳山のため、本体復原の難航が懸念されていたが、ほかの山鉾から車輪などの古材提供を受けられることになり、令和四（二〇二二）年の巡行復帰が具体化してきた。

「どんどん焼け」、「鉄砲焼け」と呼ばれる元治の大火で離脱を余儀なくされた山鉾は数多いが、昭和二十八（一九五三）年の菊水鉾を筆頭に、綾傘鉾（昭和五十四［一九七九］年）、蟷螂山（昭和五十六［一九八一］年）、四条傘鉾（昭和六十三［一九八八］年）、大船鉾と復活を重ね、鷹山で全て復旧したことになる（休み山としては布袋山［蛸薬師通室町西入姥柳町］が残るが、江戸時代中期の宝暦年間から巡行に出ていない）。三年間の唐櫃巡行では、囃子方も鉦や太鼓を載せた屋台（台

上：後祭の宵山で披露される鷹山の祇園囃子。下：平成26年に復活した大船鉾

車）で行列に参加する。大船鉾も二年間の唐櫃巡行で大いに注目を集めたように、町内はもちろん氏子・市民の熱意と、全国からの注目が復活への大きな後押しになることだろう。

祇園御霊会の本義に

神輿では、明治以後に氏子区域をくまなく回るために三基の渡御順路がばらばらになり、二十四日に三条御供社《ごくうしゃ》（又旅社《またたびしゃ》）で行われる神事も中御座神輿だけに簡略化されていたものを、御供社の前に三基が揃っての奉饌祭が復活される。これは単に明治以前の旧態に戻すというだけではなく、いにしえの神泉苑の故地に祇園三座の神が揃って神事が営まれることを意味し、千百五十年来の祇園御霊会の本義が復活されることを意味している。

奉饌祭の後は古例のとおり、三基が前後に並んで、三条を東、寺町を南、四条を東に進んで還幸することになっており、沿道で見物する人々にとっても、一団となって押し寄せる神輿の喧噪は魅力的だろう。災厄を吹き飛ばす熱気が、都大路を席巻することになりそうだ。

これと期を一にして、宮本組も神宝行列を三分し、これまで三座のご神宝全てを捧持して中御座神輿の前を供奉していたものを、十七日も二十四日も、三座それぞれの神輿に供奉する形に変更する。

江戸時代までは中御座と東御座が前後に連なり、西御座が別に渡御するそれぞれの直前に、祇園社の宮仕《きゅうし》がそれぞれの神様のご神宝の御剣《ぎょけん》を捧げ持ち、宮本組の祖にあたる「祇園町人」が先《さき》

還幸祭で又旅社に渡御する中御座の神輿

歩行《がち》として羽織袴で先導している姿が『祇園会細記』ほか当時の史料に描かれている。また、現在と同様に御矛《おんほこ》、御楯《おんたて》、御弓《おんゆみ》、御矢《おんや》、御剣、御琴《おんこと》の神宝六種を捧持するようになった明治時代の列立《れつだて》を見ても、十七日は三座が揃って同一順路を渡御するため、一団となってご神宝を捧持し、行列を先導しているが、中御座と東御座が四条烏丸から下京を回り、西御座が東洞院から分かれて上京を回った二十四日は、神宝行列も二手に分かれて供奉していたことが分かる。今回の神宝行列分割は、神輿渡御に供奉する本来の形を取り戻すかたちだ。

実は平成二十七（二〇一五）年に現在の原悟宮本組組頭が就任した際、「見果てぬ夢」だとして語ったのが、三座の神輿それぞれに神宝行列が供奉するという計画だった。捧持するご神宝の数は増えないのだから、一見、簡単に実現しそうに思えるが、ご神宝は神輿の行列の先頭を進むため、交通規制の警察官と各地で連絡を取り合って順路を切り開く一方、輿丁の舁き方次第で速度を変える神輿との間が空いたり詰まったりしないように、神輿会の役員とも緊密に連携を図らねばならず、また神宝行列自体の行粧を整えるためにも、狩衣姿でご神宝を捧持する組員のほかに、役員や列方などある程度の人数が必要になってくる。

また、行列の一本化で、現在は一対になっている錦蓋、菅蓋、鸞鳥、翳など神輿を荘厳する調度品から、組旗や高張提灯、果ては触れ太鼓や露払いの朱金棒（チャリン棒）に至るまで、三座それぞれの分を用意する必要がある。物が増えれば必然的に持ち手も増えることになり、現在も学生アルバイトなどでぎりぎりの人員を賄っている状況から考えれば、要員確保も深刻な課題だ。

宮本組では原組頭の檄を受けて意識も高まり、諸行事への参加率も上がるなど機が熟してきた。組頭の「夢」に森宮司も大いに賛同されて「せっかくのことなら、千百五十年の機会に実現しましょう」と提言され、清々講社や三社神輿会など関係者の理解も得られたことから、神宝行列の三分割が決まった。つまり、宮本組の提案から、祇園祭の本義復興が実現した、という経緯だ。

宮本組としては、中御座の順路は知悉しているが、東御座と西御座の順路は経験したことがないため、従来から同一順路でご奉仕している中御座・三若神輿会だけでなく、東御座・四若神輿会、西御座・錦神輿会の人々とも意識を共有化して祭礼に臨む必要がある。平成三十（二〇一八）年は、神宝行列は従来の形でご奉仕したが、次年度以降、東御座と西御座を担当する役員を決定して各神輿会に協力を仰ぎ、十七日と二十四日の神輿渡御では、それぞれの担当する神輿に供奉して、実地に渡御の順路を確認した。

調度・用具の拡充には時間も費用もかかるため、現実的にはまず最低限の補充でスタートし、おいおい揃えていく手順になるだろうが、新しい御代の祇園祭が本来の形を取り戻し、祇園御霊会の本義に基づいて斎行されることは、誠に意義深いことである。

神宝組人員の拡充は、原組頭の就任以前、先代の今西知夫組頭の時代から、将来を見据えて進められており、現在はむしろ増えた組員の意識を高い状態で保持する方向に力が注がれつつある。

宮本組は本来、祇園町の住人、つまり弥栄学区の氏子で組織する団体であるが、組員の紹介により、親類縁者、友人知人などが新たに参入しており、清水《きよみず》、新道《しんみち》などの近隣学区はもちろん、近年では氏子区域外から市外、府外にまでご奉仕の輪が広がりつつある。現在約七十人の組員のうち弥栄学区の氏子は、私のように実家を残して別に住まいを構えている者を入れても半分程度だろうか。いずれも祭を担う熱意や真剣さでは引けを取らないが、外部からの参入者を含めて、宮本組一体となって祭の歴史や意義への理解を深め、地元意識を醸成するよう、組頭をはじめとする古参組員たちが中心となって心を砕いている。

第二章　宮本組の一か月

蘇民将来子孫也

祇園祭の特徴として、神輿渡御、山鉾巡行を中心とする大小さまざまな神事に、氏子各町や各組による行事や各種の奉納行事などを合わせ、七月一日に始まる吉符入《きっぷいり》から三十一日の疫神社夏越祭《えきじんじゃなごしさい》まで、数え切れない行事が丸一か月間にわたって繰り広げられる、複合的な祭礼であるということが挙げられるだろう。

旧暦の時代には、四月三十日から五月二日の三日間を「致斎《ちさい》」といって斎戒の神事があり、六月の祭礼の前斎とされた。五月一日には社殿や鳥居に榊を立てることになっており、江戸時代前期の京都の年中行事を解説した『日次紀事』には「今日より六月祇園会祭礼神事始め」と記されている。

五月二十日が吉符入とされ、三十日に神輿洗、六月七日が前祭《さきまつり》、十四日が後祭《あとまつり》、十八日に再び神輿洗があって、三十日に夏越祓（現在の夏越祭）が行われるので、一か月を超える長期間の祭礼だったことが分かる。これらの主要神事は明治六（一八七三）年の改暦にともない、おおむね一か月と十日繰り下げられて、現在の日程で行われるようになった。

各地の神社で「水無月祓」などと呼ばれて旧暦六月晦日に広く行われてきた「夏越祓」は、『日次紀事』に「祇園の執行《しぎょう》、禁裏に於いて夏越の祓を献ず」とあるように、祇園社が根元の神事である。改暦後の現在も六月三十日に行われる地が多いが、八坂神社では祇園祭と一連の神事であるため、新暦七月の最終日に行われることになった結果、旧五月と六月をまたいで行われていた祇園祭が、七月のちょうど一か月に収まるようになったというわけだ。

祇園祭の行事として八坂神社の公式日程に載せられる主要行事のほかにも、各山鉾町や神輿会など、祭に携わる団体ごとにさまざまな行事があり、由緒がある。ここでは宮本組に関わる行事を中心に、平成最後となった平成三十（二〇一八）年の現場ルポを交えつつ、祇園祭の一か月間をみていこう。

七月一日

吉符入

神事始めの神事を「吉符入」といい、この日から祇園祭の期間が始まる。江戸時代の祭礼について当時の社人江戸為之が文化十一（一八一四）年に筆写した八坂神社所蔵『祇園社年中行事』によると、旧五月二十日を「吉符入」として「雑色《ぞうしき》四座の面々、社務大書院へ参向。承仕、宮仕、本願、片羽屋出勤して神事の儀をしめし合す」とある。また『日次紀事』には「祇園会神事定。山鉾を出す所の町、拍子習礼始め」とあって、吉符入をもって祇園囃子の稽古が始まったことが記されている。

雑色とは室町時代に京の警察機能を担当した侍所の小舎人雑色を起源とし、江戸時代には五十嵐、松村、松尾、荻野の四家が四条室町の辻で京を四分割して担当し、所司代配下で行政、警察、司法の業務を補佐した役職であり、つまり現在の警察署のようなものである。祇園会では神輿渡御、山鉾巡行を取り仕切って警護し、例えば山鉾の巡行順を決める鬮を取らせ、鬮改めをしたのもこれら雑色衆であった。

『祇園社年中行事』によると、祭の実務を取り仕切る雑色衆を祇園社に迎えて祭礼の次第を確認し、打ち合わせたことが分かる。現在では各警察署の担当者を迎え、八坂神社、清々講社、宮本組、山鉾連合会、三社神輿会の代表者が集まっての打合せ会は、六月上旬ごろに八坂神社常磐新殿で会議として行われており、神社側として吉符入の神事は特に行われていない。

「吉符入」の語義については、詳しく解説した書物が見当たらないが、「符」という字には「文書」、「記録」などの意味があるから、吉兆の符、つまり「めでたい日程表」に入るということで、祭の期間に入る意味だ、と解釈している。

吉符入の神事は祭に関わる氏子の団体ごとに行われるので、山鉾町や神輿会では、会所の床の間を祭壇として神号軸を祀り、神職を招いて祝詞を上げ、拝礼や神酒拝戴などが行われているようだ。一日が吉符入の日と定まっているわけではなく、例えば神功皇后のご神体がつける「神面改め」で知られる船鉾町は三日、鯉山町は十一日など、それぞれの町で順次行われる。おおむね一日から十日の神輿洗までに行われることが多いようだが、平成二十六(二〇一四)年に二十四日の後祭巡行が復活して以降、八幡山町や橋弁慶山町など後祭の山鉾町では、前祭が済んで後祭準備に入る十八日に吉符入という場合もあるようだ。

山鉾の囃子方は吉符入の後、町会所で連夜、二階囃子を演奏する習いである。なかには大船鉾町のように、町内の吉符入(十日)より前に囃子方の吉符入(五日)を別に行って二階囃子を始める例もあり、神職を招いての清祓式を吉符入とは別に行う町も多いようだ。神輿会などでは毎年決まった日に行われるわけではないようで、六月中に吉符入を行った年もあると聞いている。

宮本組では毎年、七月一日午後四時から八坂神社本殿で吉符入の神事を執り行うことを吉例としている。町内に神職を迎える必要がなく、本殿で吉符入を行うのは「お宮の本」の宮本組ならではのことだ。言い方を変えるなら、神社にとっての吉符入を、宮本組の吉符入が兼ねている、ということもできるかもしれない。

かつては参列者が少なく、役員ら十人程度で執り行われていたこともあるが、近年は組員の熱意も盛り上がり、三十人以上が集まっている。服装は平服で構わないことになっており、軽装で許されていた時期もあったが、スーツにネクタイ着用程度がお約束。洋服ではなく、夏大島や小千谷縮に紗の羽織という着物姿が多いのも祇園らしい土地柄といえる。組では時折、ちょっとした会合用にと、襟に「宮本組」と染め抜いた半纏をつくって希望者に頒布することがあるが、近年誂えた黒麻の半纏は、略礼装としてちょうどよいというので、こうした神事の際にも揃って着用することが恒例になってきた。

定刻の三十分前ごろには、本殿西ノ間に組員が集まってくる。西ノ間は現在、お祓いを受ける参拝者の待合所として使われているが、物故した古老の話では、昔は宮本組の詰所だったと言い伝えられており、神輿が舞殿《ぶでん》に祀られている間は、組員が交代で不寝番を務めていたという。以前にはこれにちなんで、十五日の宵宮祭の夜に皆でここに泊まり込み、神様のお側に勤仕しよう、という声が上がったこともある。

時刻、神職から案内があると、いったん神前を通り過ぎて本殿の東側に進み、透垣で囲まれたご神庭の落縁で順次、巫女さんのご奉仕により手水を取る。全員が座付いたところで太鼓が打ち

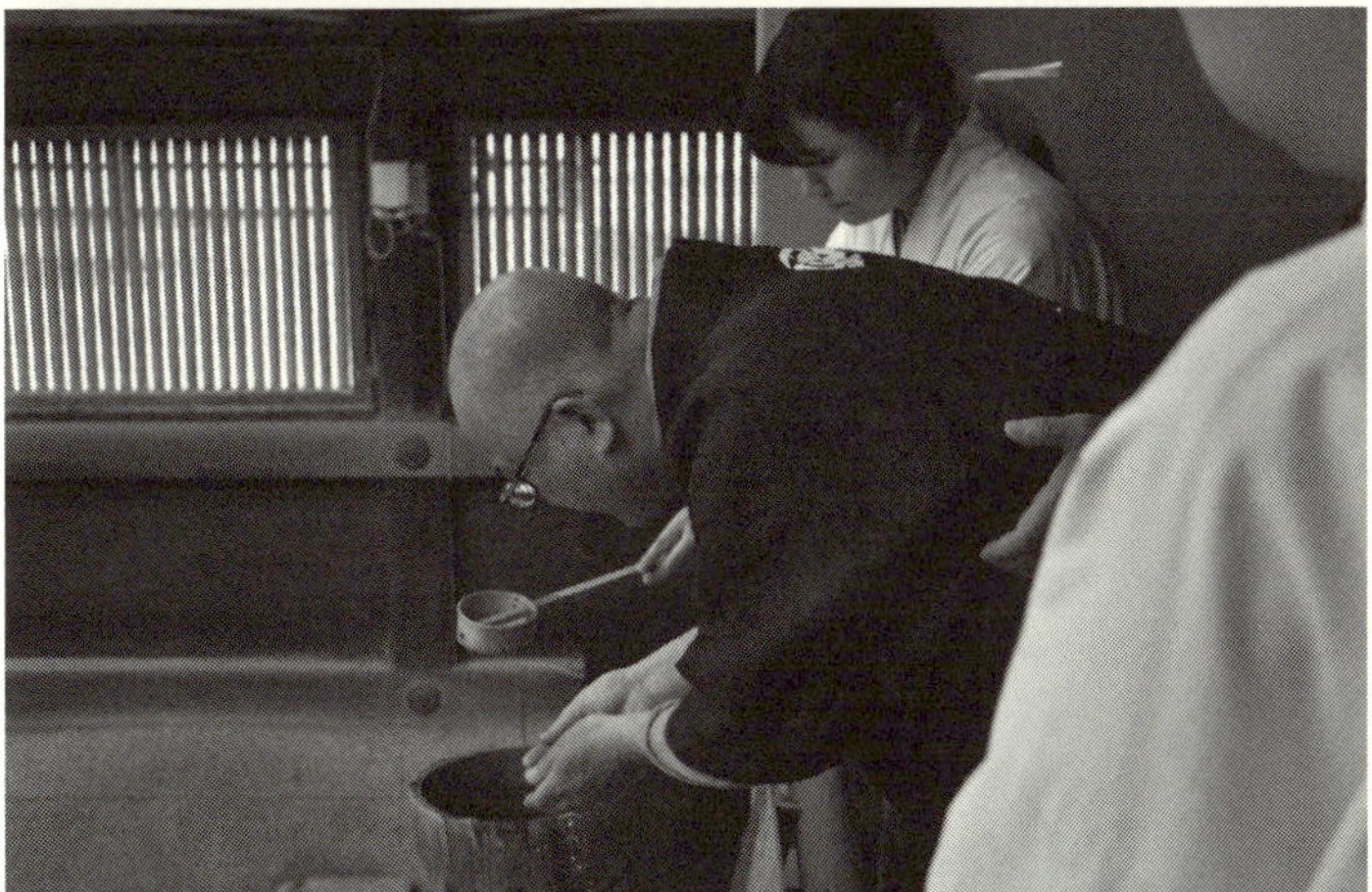

上：吉符入を前に本殿西ノ間に宮本組の組員たちが参集する。下：巫女の奉仕で手水を使って身を清める

鳴らされ、祭員（神職）、伶人（楽人）が斎館から参進して神事が始まる。修祓、斎主一拝、献饌、祝詞奏上と進んで玉串拝礼となり、組頭に合わせて一同が柏手を打って拝礼する。

宮本組の吉符入は毎年、権宮司が斎主として奉仕されているが、現在の森壽雄宮司の代になってからは、宮司さんも白衣白袴の平服で列席され、祭典終了後にご挨拶くださる例となっている（先代の真弓常忠宮司のころまでは、この後の神宝籤取《くじとり》にご臨席あってご挨拶をいただいていた）。斎主としてではなく非公式のかたちであるが、宮司さんの参列は宮本組をいわば「神様の旗本衆」と恃んでの特別扱いであり、組員としては誠に晴れがましい思いだ。平成三十年の吉符入では「宮本組はお宮の本の氏子として神事の中核を担い、ご神宝を預かって神輿を先導していただく重要な存在です。宮本組がいなければ祇園祭は始まらない、といっても過言ではありません。暑い、暑い京都の七月ですが、皆さんの力でぜひ、熱い、熱いお祭のひと月にしてください」と力強く激励され、身の引き締まるのを実感した。

なお余談ながら、祇園町の会所はかつて四条通の南側にあり、幕末には新選組の前線基地になったことでも知られている。明治二（一八六九）年に下京第三十三番組小学校に転用され、弥栄小学校、弥栄中学校を経て現在は日本漢字能力検定協会の漢字ミュージアムになっている。敷地の一角に弥栄自治会館があって、自治連合会や消防分団の拠点となっており、これが現在の会所としての役割を担っている。私が幼いころなどは、まだまだ子供の数が多かったので、夏休みにここで映画上映会が開かれたりしたものである。しかし学区内には広大な八坂神社があり、ラジオ体操が境内の絵馬堂で行われるなど、住民の心の拠り所となってきた。ラジオ体操は毎朝八時からテープを流して行われたが、これは朝の遅い花街ならではの風習で、よそではもっと早朝にラジオ放送に合わせて体操するのだ、と知って驚いたのは、大人になってからのことである。

７月12日の曳き初めで「太平の舞」を披露する長刀鉾の稚児

長刀鉾町お千度

一日午前十時には、稚児、禿を含め長刀鉾町の氏子が揃って八坂神社に参拝する「長刀鉾町お千度」も行われる。これを一連の吉符入の一環のように捉え、祇園祭の開始を告げる行事であるかのように伝える報道も例年見受けられるが、氏子の一人としては、ちょっと勘違いがあることを指摘しておきたい。

八坂神社の氏子区域では、町内やグループで揃って氏神様に参拝し、その後直会《なおらい》として懇親の宴会を開く行事を「お千度」と呼んでおり、山鉾町に限らず広く行われている風習だ。大勢でお参りすることで、千度参ったのと同じ意味合いがある、という語義である。時期も七月とは限らず町内によってまちまちだが、長刀鉾町ではそれを七月一日に行い、町内の養子という扱いになっている稚児も同行して身内への披露も兼ねている、という位置づけだ。実際、この日の稚児は絽の振袖の「涼み衣装」に、冠り物もない平服姿である。

長刀鉾町の吉符入は五日に町会所で行われ、稚児も紗の裃に孔雀の羽根をつけた蝶蜻蛉の冠、という正装で臨んでいる。吉符入をもって神事始めとする原則にしたがえば、同町はこの日から祭の期間に入ると考えるのが妥当だろう。当年の稚児を神様にご披露する意味合いを唱える人もあるが、稚児披露の神事は十三日の稚児社参であり、お千度はあくまで祭を前に、同町の氏子が揃って参拝する行事だと考えるのが適当である。

神宝籤取

吉符入に引き続いて境内の清々館に場所を移し、吉符入に間に合わなかった者も含めて約七十人の組員ほぼ全員が集合して、午後五時半から籤取の儀が行われる。

清々館は氏子の集会場所の建物で、境内の最も東にあり、玄関は鳥居の外の円山公園にあるという面白い建物だ。一見すると神社の外にあるようにみえるが、長い回廊で南楼門横の斎館（旧社務所）とつながっており、祭礼奉仕の控えの間としても使えるように工夫されている。

表千家と裏千家の月釜が懸かることでも知られる広間は、上中下の三間合わせて四十五畳という広さがあり、奥行一間の床の間に、軍配形の花灯窓に御簾がかりの上段がつくという格式の高い造りである。十年ほど前までは座敷の三辺に座布団を並べていたが、組員が増えた近年は四周に座布団を並べてもまだ足りず、中の島を設けてようやく全員が座れるという、嬉しい悲鳴状態が続いている。

祇園祭の「くじ取り式」というと、山鉾巡行の順番を決めるために二日午前、市役所の市会議場で行われるものが知られているが、宮本組では十七日の神幸祭、二十四日の還幸祭で捧持するご神宝の担当者を籤で決める「神宝籤取」をいう。理由は分からないが、山鉾町は「鬮取」、宮本組は「籤取」と書くのが昔からの習わしだ。抽選やくじ引きといえば何か軽々しく聞こえるが、偶然性に左右される籤は古来、神慮を窺うものとされ、鹿の骨や亀の甲羅で選択肢を占う卜定などと同様に尊重された。現代も各神社の社頭で盛んに引かれているお神籤も同じである。

組員が参集すると、初めに原組頭からの挨拶（内容的にはほぼ「訓示」のことが多いのだが）があって、籤取となる。ご神紋が蒔絵で施された朱塗りの三宝に籤が入れられ、交代でご神宝を捧持する三人一組で名を呼ばれ、そのうちの一人が前に進んで籤を引く。籤の形式には定めがなく、小袋に入れて封印が捺されていたり、折り畳んで千代結びにされていたりとさまざまだが、毎年、組頭が自ら用意することになっている。

組になる顔触れは事前に、準備の役員が任意に組み合わせておくもので、相棒が年々替わるのも楽しみの一つである。以前は人数が少なかったので二人一組だったが、近年は三人一組になり、アルバイトの白丁が持つことになっていた御矛も組員が捧持することができるようになった。

ご神宝は行列の順に御矛、御楯、御弓、御矢、御剣、御琴の六種類である。それぞれ中御座、東御座、西御座の三基の神輿の数だけあるが、御琴は一つしかなく、主祭神である中御座・素戔嗚尊のご神宝とも、女性である東御座・櫛稲田姫命のご神宝ともいわれている。渡御は中御座、東御座、西御座の順だが、第一、第二、第三とあるご神宝のうち第三が主祭神である中御座のご神宝だと言い伝えられており、御剣はほかの二本より少し大きく、御矢も以前はこれだけが壺形の靫（壺胡簶）ではなく、幅の広い箙（平胡簶）に入れられていた（現在行列で捧持する複製品は、いずれも靫の形になっている）。ただし、戦前の古写真を見ると第一の御矢が箙になっており、戦後になって混乱した可能性もある。

別格のご神宝として、「勅板」がある。第一章に記したとおり、円融天皇が天延二（九七四）年、御旅所を寄進されて毎年神輿渡御を行うよう命じられた経緯を記す錦包みの板で、祇園祭の根拠ともいうべきご神宝である。かつては「籤取らず」とされ、石段下の菓子店「遠藤魁春堂」の遠藤家と、切通しの料理屋「おいと」の左応家が毎年担当していた。十数年前から勅板も籤で選ぶことになったが、祭の要領が分からない新入組員が捧持するのでは恐れ多いため、平成三十年からは再び籤取らずとして、古参の組員を役員から指名することになっている。

引かれた籤は役員の手で開封され、読み上げられる。御弓や御矢は軽く持ちやすいが、御楯や御剣は大きく重いので、結果が分かるたびに一喜一憂がある。最も大きい御琴は、実は裏面に金属の持ち手が取りつけられており、首から提げる掛け金も使うのでさほど持ちにくくはないのだが、一つしかないこともあってワッと歓声が上がる。勅板が籤で選ばれていたころは、読み上げ役の役員が「御勅板でございます」と声を上げると、祝意を込めてひときわ大きな拍手が巻き起こっていた。

私は中学三年のときからおよそ三十年間、神宝捧持にご奉仕してきたため、ほかのご神宝には

上：清々館の大広間にぎっしりと組員が集まる。下：引かれた籤が役員の手で披露されるたびに拍手が起こる

全て当たったことがあるが、当初は籤取らずだったこともあって、勅板だけは持ったことがない。平成三十年から役員の末席に加えられたため今後捧持の役に回ることはなく、一度も担当できなかったことは少々心残りでもある。数年前からご奉仕している息子はこの年初めて籤を引かせてもらい、「第一の御矢」を引き当てて嬉しそうにしていた。

神宝捧持の役配が決定すると、吉符入神事のお下がりとして神酒洗米がそれぞれに供され、神社から総務部長兼文教部長で、宮本組担当の橋本正明禰宜が出席されてご挨拶があり、門前の「二軒茶屋中村楼」から料理が運ばれて直会の小宴となる。

中村楼は南楼門の前、石鳥居の内にあり、室町時代に門前の茶店として始まったとされる老舗料亭である。明治の初めまでは鳥居内の東に中村屋、西に藤屋の二軒が向かい合っていたので、二軒茶屋の名が出たものだ。昔参詣客をもてなした水茶屋の時代に、豆腐に竹串を打ち、木の芽味噌を塗って焙った料理が評判となり、串を打った形が田楽法師の高足（竹馬のような棒に乗る曲芸）に似ているということから名づけられた「豆腐田楽」発祥の店であり、大げさにいうなら豆腐田楽から発展した「おでん」の元祖であるともいえる。

江戸時代には店先で女子衆がトントンと包丁の早業で豆腐を切り分けるパフォーマンスが名物で、「祇園豆腐」の名で知られ、この料理をまねて「祇園豆腐」の看板を掲げる店が江戸をはじめ各地に広がったという。

舞妓の京舞で知られる端唄「京の四季」には、「春は花、いざ見にごんせ東山、色香あらそふ夜桜や、うかれうかれて粋も無粋も物がたい、二本ざしでもやはらかう、祇園豆腐の二軒茶屋」

上：籤取に続いて吉符入のお下がりの神酒洗米が供される。下：籤取を終えて二軒茶屋中村楼の料理が運び込まれる。八坂神社から宮本組担当の橋本正明禰宜（左から３人目）が列席される例となっている

と詠まれている。先を二つに割った竹串を柔らかい豆腐に刺した祇園豆腐を、物堅い二本差し（の侍）でも夜桜に浮かれて柔らかくなる、と掛けている。

直会に出される点心にももちろん、祇園豆腐の一串が入っているが、ひと捻りして生地の豆腐を粟麩に替えてある。「鱧祭」の名で知られる祇園祭のことだけあって、向付が鱧の落としであるのもいつものことである。中村楼主人の辻雅光さんは祇園万灯会の理事長として十日の「お迎え提灯」に奉仕され、宮本組には若主人の辻喜彦さんがご奉仕している。

ほかの神社の例は知らないが、祇園では慣習的に、「ご神宝」と「ご」をつけた場合は「ごしんぽう」と発音し、ただ「神宝」とのみ書いた場合は「じんぽう」と読む習いとなっている。宮本組では、組員のうち実際に神宝捧持に携わる者を「神宝組《じんぽうぐみ》」と呼ぶことがある。以前は神宝組のほかには役員だけで、神輿渡御には神宝組は狩衣烏帽子を着るが、役員には裃を着る人と狩衣を着る人の両様があった。その後役員は裃に統一されていたが、従来の役員（宮本組幹事）を常任幹事と改め、町内会長有志に幹事として役員に加わってもらった後、数年前からは、幹事は威儀の者として裃で行列し、常任幹事は列を進め行粧を整える実務を担う意味合いで、白麻紋付に袴姿に改められた。平成三十年には翌年の神宝行列三分割に備える意味で、神宝組の一部を狩衣姿のまま無任所の「列方」として、進行中の行列を整える役割に充てたが、令和元（二〇一九）年からは紋付袴とし、ご神宝を捧持する者だけが狩衣を着用することに決められている。

神輿渡御でご神宝を捧持する際には白手袋をはめ、さらに紫縮緬に唐花木瓜のご神紋を染め抜いた袱紗を用いるが、昔は自前で用意したらしく、当家には曾祖父上田正之助の「上田」姓が染め抜かれた袱紗が残っている。現在は組で用意したものを装束とともに配付しており、名前の位置に「神寶組」と染め抜かれたものを使用している。役員も、本殿からご神宝を運び出し、御旅所で受け取る役目に備えて袴の前腰に袱紗を提げる習いのため、古儀復興を機に、曾祖父が用いた百年前の袱紗を使ってみたいと思っている。

七月五日ごろ

円融天皇陵参拝

厳密には祇園祭の行事とはいえないかもしれないが、宮本組では吉符入の前後に、右京区宇多野にある円融天皇の後村上陵にお参りするのが恒例になっている。平成三十年は三日午前十時半に有志十人が八坂神社に集まって玉串をいただき、数台の車に分乗して御陵を訪ね拝礼した。

祇園祭の濫觴は貞観十一（八六九）年、全国に流行した疫病を鎮めるため、清和天皇の命で神泉苑に神輿を送って行われた「祇園御霊会」とされているが、定期的に行われた記録は残っておらず、発祥の年についても諸説がある。一方、天延二（九七四）年、洛中に御旅所を賜って、毎年神輿を渡御させるよう命じられたのが円融天皇だ。記録によってその年次には多少の違いがあるが、祇園祭が「神輿迎え」の前祭で祇園社から洛中に神輿を迎え、七日後の後祭で神輿を神泉苑に送って「祇園御霊会」を営む、という現在の形を整え、毎年の官祭として定着したのがこの帝の御代のことであることには議論がない。現在も神輿の行列は、宮本組がその経緯を記した

「勅板」を掲げて先導しており、いわば祇園祭の

「法的根拠」を示すような意味合いがある。

御陵参拝自体は古い習わしではなく、勅命のゆかりをしのんで二、三十年前に当時の役員らが数人で始めたものと聞いている。有志を募るようになったのは十年ほど前のことだ。円融天皇の勅命を受け継いで祭を司る者として、ご霊前で誓いを新たにし、当年の祭が無事に行われるよう祈願している。

天下万民の無事を祈るための祭の無事を祈る、というのは少々ややこしいが、祭の意味と担い手としての役割を再確認し、気を引き締めて祭に臨むことを誓うのが最大の意義だろう。組員が「円融さん」と呼ぶときには「我らが祖」とでもいうべき親近感があり、千年も後にこれだけ慕われていることには、当の天皇が一番驚いておられるかもしれない。

平成三十年は御陵参拝に続いて南区久世に車を走らせ、神幸祭、還幸祭に駒形稚児を出しておられる上久世の綾戸《あやと》国中《くなか》神社に参拝した。大堰川（桂川）の祓神を祀る綾戸社の境内に、近隣に祀られていた国中社が戦国時代に遷されたもので、国中社のご祭神が素戔嗚尊の荒御魂なのである。

「ご迷惑になっては」と事前にお知らせすることなく伺ったが、宮司さんのご家族が見かけてご挨拶くださり、稚児が胸に掛けるご神体の駒形（木彫りの馬の頭）を象った干菓子をご接待いただくなど、篤くおもてなしいただいた。同社の宮司は祇園祭との関わりから、一力亭・杉浦家のご親類が継承しておられる。

駒形稚児の神幸祭供奉の際は、四条通の香煎商「原了郭」で休息され、いったん同家の床の間

上：祇園祭を前に有志が集って宇多野の円融天皇陵にお参りする。下：平成30年には御陵に続いて上久世の綾戸国中神社に参拝した

の神号軸に駒形を供えて祭礼の無事を祈られることが、元禄年間からの恒例となっている。「原了郭」は赤穂義士の原惣右衛門の一子、儀左衛門道喜が開いた店で、一子相伝の「御香煎」に加え、近年は「黒七味」でも知られている。当代が原悟宮本組組頭である。

七月十日

宮川堤祓所清掃

十日は神輿洗の当日。昔から八坂神社では、前の神輿洗から後の神輿洗までの期間を晴れの神事期間とされ、本殿に幔幕を張るなど晴れの装いを施される。氏子中でもこれに合わせて門口に幔幕を張り、提灯を提げて灯明を献じる習いだ。準備期間を終え、この日からいよいよ祭の本番を迎えるわけである。山鉾町でもこの日から前祭の山鉾の鉾建て、山建てが始まり、京都の町には一気に祭気分が充満する。

神輿洗は十日と二十八日の夜に行われる神事だが、宮本組の朝は早い。神輿を清めるための神用水を用意するため、鴨川の水を汲み上げ、神職がお祓いする「神事用水清祓《きよはらい》」が午前十時から、四条大橋と、川端通を下がったところに設けられた宮川堤祓所《はらえど》で執り行われるからだ。

本当は、さらに早い。組員はこの「お水汲み」に白麻紋付袴姿で参列するが、着替える前の午前六時に集まって宮川堤を清掃するのだ。朝の遅い花街のことである。夏休みのラジオ体操も八時から行う祇園町にあって、年二回の奇景といって差し支えないだろう。花街に生まれ育ったう

神輿洗の早朝、四条大橋に組員が集まって宮川堤を掃除する

え、最終版締切が深夜二時の新聞記者を生業に、典型的夜型人間として過ごしてきた私はこれまで、何かと理由をつけてサボってきたが、平成三十年は役員に加わったこともあり、心を入れ替えて出仕した。

「同じことなら早めに行って大きな顔を」と五時四十分ごろに到着したが、すでに二十人近くが掃除しているのに度肝を抜かれ、慌てて作業に加わった。それぞれが持参した箒やちり取りで、順路となる歩道や、祭壇が設けられる祓所を掃き清める。祓所の位置は鴨川東岸の堤防上にあり、かつては京阪電車が走っていたため使えなかったが、昭和六十二(一九八七)年に京阪線が地下化した際に古例に復して設置された。普段は鴨川に面した展望スペースにしか見えないが、由緒を記した駒札が目印になっている。

ごみが散らかっているわけではないが、川

岸に植えられた柳の落ち葉が多く、あっという間にごみ袋が満杯になっていく。「このごろは煙草の吸い殻が少のなって、ほんまにきれいになってきたなあ」と古参の組員が漏らす。街のマナー向上を喜んでいたら、後で少し離れた茂みに犬の「運」が発見され、一同ずっこけるオチがついた。

一連の神事が終わるのは午後九時近く、途中で家に帰る時間はあるが、この日は足かけ十五時間近いご奉仕になる。以前は宮本組の半纏を羽織って作業していたようだが、この年は深緑色の生地に朱色で、背に祇園守の紋、左袖に「宮本」の合印をプリントしたTシャツをつくって着用した。掃除のような下働きも含めて、祭を盛り上げていこうという機運が高まってきている。

神事用水清祓

午前十時からは、四条大橋から鴨川の水を汲み上げ、祓所に運んで神職が祓い清める「神事用水清祓」が行われる。祓所清掃を終えていったん帰宅し、休息した組員が、紋付袴に姿を改めて集合場所の四条大和大路、仲源寺に集まってくる。

仲源寺は眼病にご利益のある「目疾《めやみ》地蔵」として有名だが、本来は鴨川の洪水を鎮める「雨止《あめや》み地蔵」だったとされる。平安時代中期の創建と伝えられ、元は四条大橋の北東にあったが、安貞二（一二二八）年八月の洪水の際にこのお地蔵様のお告げで止水に成功したといい、後堀河天皇の勅願寺となったと伝わる。天正年間（一五七三―九二年）に豊臣秀吉の命で東南の現在地に移転して、当時の祇園村の総堂となり、現在も祇園町では宗旨を問わず、お盆で迎えた先祖の

「お精霊《しょらい》さん」を送る八月十六日に、仏壇に祀った水塔婆や供花などをこの寺に納めに行く風習があるなど、地元民にとってなじみの深いお寺である。私も幼いころ毎週月曜日に、お習字に通った懐かしい場所だ。

お地蔵様を祀る本堂の前に手水の場が設けられ、参列する神職や楽人、清々講社幹事、宮本組が順に手を清め口をすすぐ。時刻になると、弥栄雅楽会の先生方が道楽《みちがく》を奏で、一列に並んで歩

仲源寺境内に神用水の桶が用意される

道を四条大橋へ参進する。このときは通行規制をしないため、大和大路と川端では青信号の間に遅滞なく一行が渡らなければならず、一般の通行を妨げない工夫も必要で、先駆けの役員が苦心している。

四条大橋の南側歩道、中央付近に斎竹を立て、しめ縄を張って斎場が設けられており、神職と宮本組の一人ずつが縄をつけた桶を下ろして、それぞれ手桶三つ分ずつのご神水を汲み上げる。現在はこうして汲み上げた水を神輿洗に用いるが、四条に常設の橋がなかった往古は、河原に神輿を担ぎ出して川の水をかけたとされる。四条から松原橋（旧五条大橋）の間の鴨川（三条から松原とも）が聖なる川として「宮川」と呼ばれるのはこの神事ゆえであり、花街宮川町の名もこれに由来するものだ。

神輿を鴨川の水で清めるのが神輿洗神事の趣旨とされるが、一説には川の神様を神輿に迎えて、祇園の神とともに洛中を渡御していただくのだという。たしかに、祇園の神がお乗りになる神輿を清めるためなら、祭の後の神輿洗は不要であるし、なぜ三基の神輿のうち中御座の一基だけなのか理屈が通らない。先代の真弓常忠宮司も著書の中で、「古く祭りに先立って鴨川の上流より神を迎え、祭りが終わると神送りをするという、神のミアレ（顕現）を実修する儀があったものと想像できる」（『祇園信仰』）と述べてこの説を支持しておられる。

古書のなかには、神輿洗神事に渡御する神輿を中御座ではなく、現在の西御座にあたる「少将井神輿」と書いてあるものがある（『雍州府志』、『日次紀事』）。ほかの二基の神輿が揃って大政所御旅所に渡御したのに対し、少将井神輿は長和二（一〇一三）年に神託によって定められた冷泉東洞院（冷泉は現在の夷川通）の少将井御旅所に渡御し、「少将井」の名がある名水の井戸の上に据えられた由来があり、水の神を迎える神輿としてのつながりを連想することもできる。

この説の傍証として面白いのは、かつては鴨川の川床《かわゆか》が、祇園祭の期間だけに限定されていた、という事実である。

京都の夏の風物詩である川床（現在は納涼床と称している）はずいぶんと由緒が古いらしく、社

縄をつけた桶で鴨川からご神水を汲み上げる

記に「保安四〔一一二三〕癸卯年、涼始まる」とあるのはにわかに信じがたいが、江戸時代前期の寛文十（一六七〇）年には鴨川の東西に寛文新堤が築かれ、川幅や河川敷はほぼ現在の形を整えており、このころにはお茶屋の床だけではなく、仮屋を構えた芝居や見世物小屋が建ち並んで群衆が集うようになった様子がさまざまな記録に描かれている。

現在の川床は西岸のお茶屋や料理屋に接続した高床式で、水面からは遠く、「納涼床」とはいうものの冷房の効いた室内より「かえって暑い」といわれることもあるが、明治ごろまでは河原や流れの上いっぱいに床几を並べ、川の水に足をつけて涼をとったものだった。今は範囲も二条から五条まで、時期も五月から九月末までと大幅に拡大しているが、かつては三条から松原の間で、旧六月七日の祇園会前祭の夜から、十八日の神輿洗の夜までと限ったものであり、本来は「川の神さんがお留守の間だけ、川に足をつけて涼ませてもらう」という意味だった、というのである。祇園祭の意味や由来を考えるうえで、なかなか興味深い説だといえるだろう。

さて、平成三十年は六日に京都を襲った西日本豪雨で鴨川が増水し、遊歩道の護岸をえぐり取る荒れようで、白河法皇が「天下三不如意」の筆頭に挙げたという往時の「暴れ川」ぶりをほうふつさせた。祇園祭が始まった当時も、鴨川は氾濫を繰り返しており、「川の神を迎える」神輿洗神事には、災厄退散を祈る祇園祭の本質をみる思いがする。十日の朝になっても、鴨川は水位が高く、まだ少し濁った水が渦を巻いていた。

汲み上げたご神水は雅楽の奏楽のなか、宮川堤祓所に運んでお祓いされ、参列者が拝礼したうえで、夕方の神輿洗まで保管される。神用水を入れる桶には新旧二種類があり、十数年前に新調

上：斎竹を立て、しめ縄を張った四条大橋の上で神職がお祓いする。下：奏楽のなか神職と組員が汲み上げた水が神輿洗に用いられる

した桶には神職が汲んだ水を、古いほうの桶には組員の汲んだ水を入れている。神事に使われるのは神職の汲んだほうで、組員の汲んだほうは万一の場合の控えとして、別の場所で保管している。

神事用水清祓を終えて仲源寺に戻ると、冷房を効かせた一間に冷たいお茶をご用意くださっており、ひと息つかせてもらうことができる。浄土宗のお寺で神事というのも不思議な光景ではあるが、地元民なじみの寺として、快く境内を提供していただける親近感が嬉しい。洪水を鎮める「雨止み地蔵」の由来もあり、大雨被害の救済を祈ってお地蔵様に手を合わせた。

神輿洗奉告祭

夕刻の神輿洗に先立って、午後六時から八坂神社本殿で「神輿洗奉告祭」が行われる。神輿洗の斎行を、神様にご奉告する神事である。

五時半前後になると、本殿西の広場に宮本組の組員らが集まってくる。服装は午前中の「お水汲み」と同じく、白麻紋付に絽の袴姿だ。盛夏のことゆえ、お水汲みの神事で汗だくになっているのが常である。私はいったん自宅で休憩している間に紋付を乾かし、襦袢を取り替えて出仕することにしている。神宝組は神輿渡御には狩衣で供奉するが、役員はこの日を最初に、十五日の宵宮祭、十七日神幸祭、二十四日還幸祭、二十八日神輿洗と紋付袴の出番が多く、雨に濡れることも想定して、それぞれ複数枚を用意する場合が多いようだ。私も紋付と襦袢を三組、正絹絽の袴に加え、水濡れや汚れに強い化合繊の絽袴を準備している。

八坂神社境内見取図

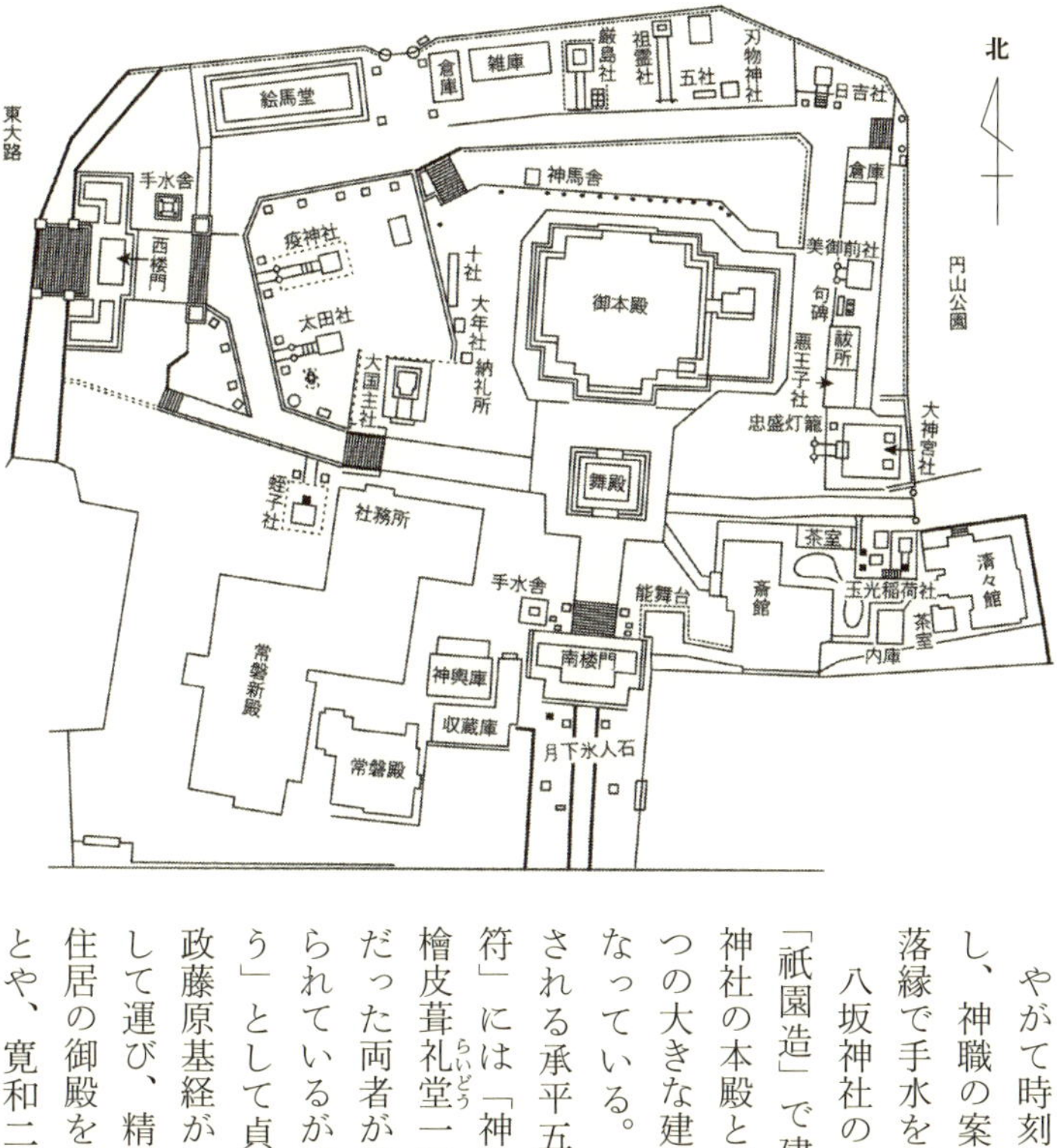

やがて時刻をみて本殿西ノ間に昇殿し、神職の案内があると、本殿東側の落縁で手水を使い、着座する。

八坂神社の本殿はほかに類例のない「祇園造」で建てられており、一般の神社の本殿と拝殿にあたる部分を、一つの大きな建物で覆ったような構造になっている。『二十二社註式』に引用される承平五（九三五）年の「太政官符」には「神殿五間檜皮葺一宇、五間檜皮葺礼堂《らいどう》一宇」とあって、元は別棟だった両者が後に一体化されたと考えられているが、続いて同書に「或は云う」として貞観十八（八七六）年に摂政藤原基経が「威厳に感じ、台宇を壊して運び、精舎を建立す」とあって、住居の御殿を移築したと伝えられることや、寛和二（九八六）年の絵図には現様式の本殿が描かれていることなどから、元から祇園造の本殿があり、「太政官符」にいう「礼堂」とは現在の舞殿を指しているとも考えられる。

元禄年間（一六八八―一七〇四年）の社記など古文書には「紫宸殿の制にならう」と記されているように、正面の向拝に階《きざはし》があり、蔀戸のつけられた寝殿造の建物である。階の部分は通常、埒で覆われて賽銭入れになっているため見られないが、稚児社参やお神霊《みたま》遷しの際には埒が外されて本来の姿を目にすることができる。

もっとも「唯一無二」とはいうものの、神仏を祀る本殿と参拝者が祈りを捧げる拝殿（礼堂）が一つの建物内に包含されているという構造は、清水寺や長谷寺の本堂、東大寺二月堂などの仏殿に類似しており、八坂神社がかつて神仏習合であり、拝殿もかつては礼堂と呼ばれていたことなどを考え合わせれば納得がいく。

本殿部分は御神座のある内々陣を中心に、内陣、東西の中内陣、外陣に分かれている。そしてこの東西七間、南北四間の中心部分を取り巻くように東西北に一間幅、南に二間幅の廂が付属し、南はさらに向拝が張り出した形状だ。

東西の廂は襖障子で仕切られた局になっており、これが東ノ間、西ノ間である。南廂のうち、向拝の階を上がった部分がかつて礼堂と呼ばれた拝殿で、外陣と同じ高さになっており、外陣と拝殿の間に一段低く、約一間幅の「石ノ間」（下礼堂）がある。

神事の際は外陣で神職が奉仕され、参拝者は石ノ間と拝殿に着座。外陣に置かれる朱塗りの案（神事に用いる卓）の上に玉串を奉奠し、石ノ間から拝礼するのが通例だ。

昭和39年修理竣功時の八坂神社本殿。通常は見られない階の形状がよく分かる。現在は別の場所に移されている狛犬や石灯籠も見える

神輿洗奉告祭では、石ノ間の東西に真横を向いて床几が並べられ、東側に清々講社幹事、西側に宮本組が座を占める。清々講社幹事は氏子区域二十五学区の清々講社の代表から選出された役員であり、幹事長以下約十名が列席する。現在の幹事長は弥栄清々講社の代表で、宮本組先代組頭の今西知夫さんが務めている。

清々講社幹事は斎館に参集し、斎館前で手水を使って昇殿する。これは神職と同じ手順であり、氏子代表を尊重したある種の特別扱いだといえる。一方で、宮本組が本殿西ノ間に参集し、殿内で手水を取るのもある種の特別扱いであり、こちらは神社のお膝元としての身内意識を表しているといえるだろう。

両者が挨拶を交わして座付いた頃合いで太鼓が打ち鳴らされ、斎館から祭員、伶人

八坂神社本殿断面（梁行）図と見取図

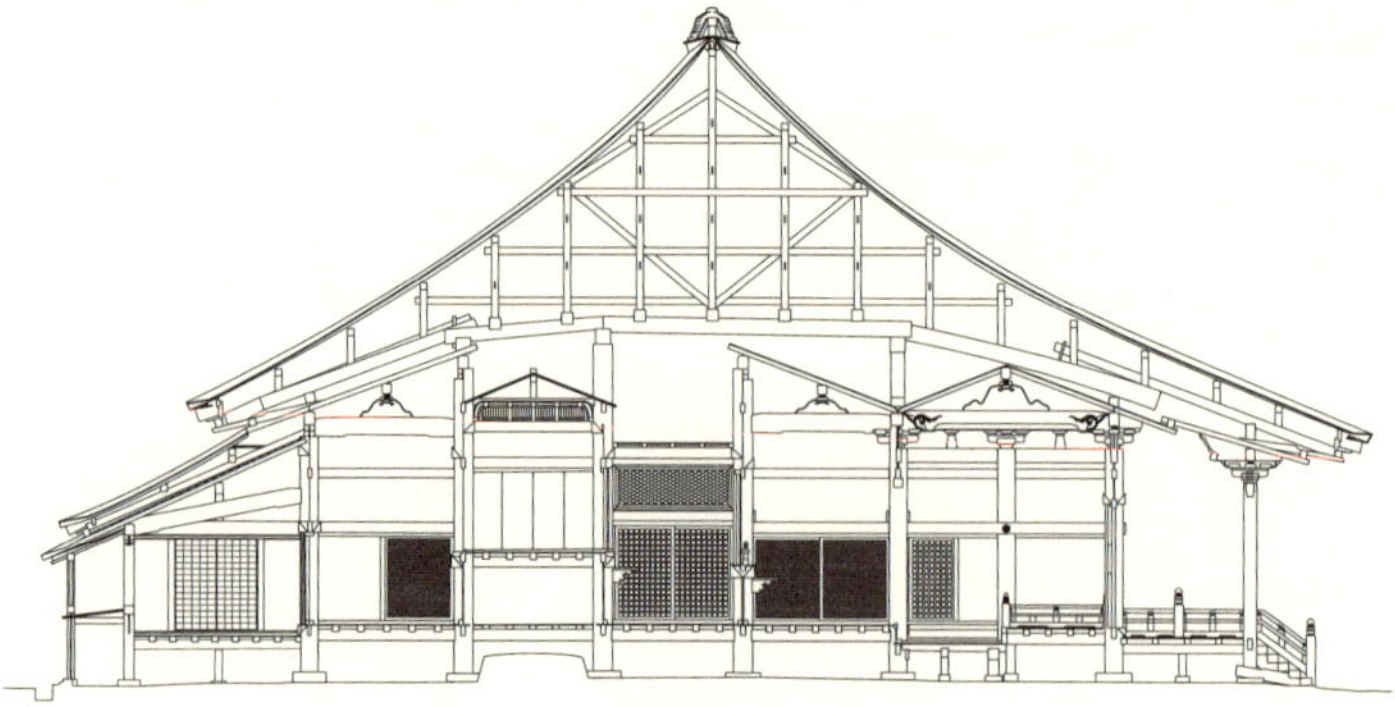

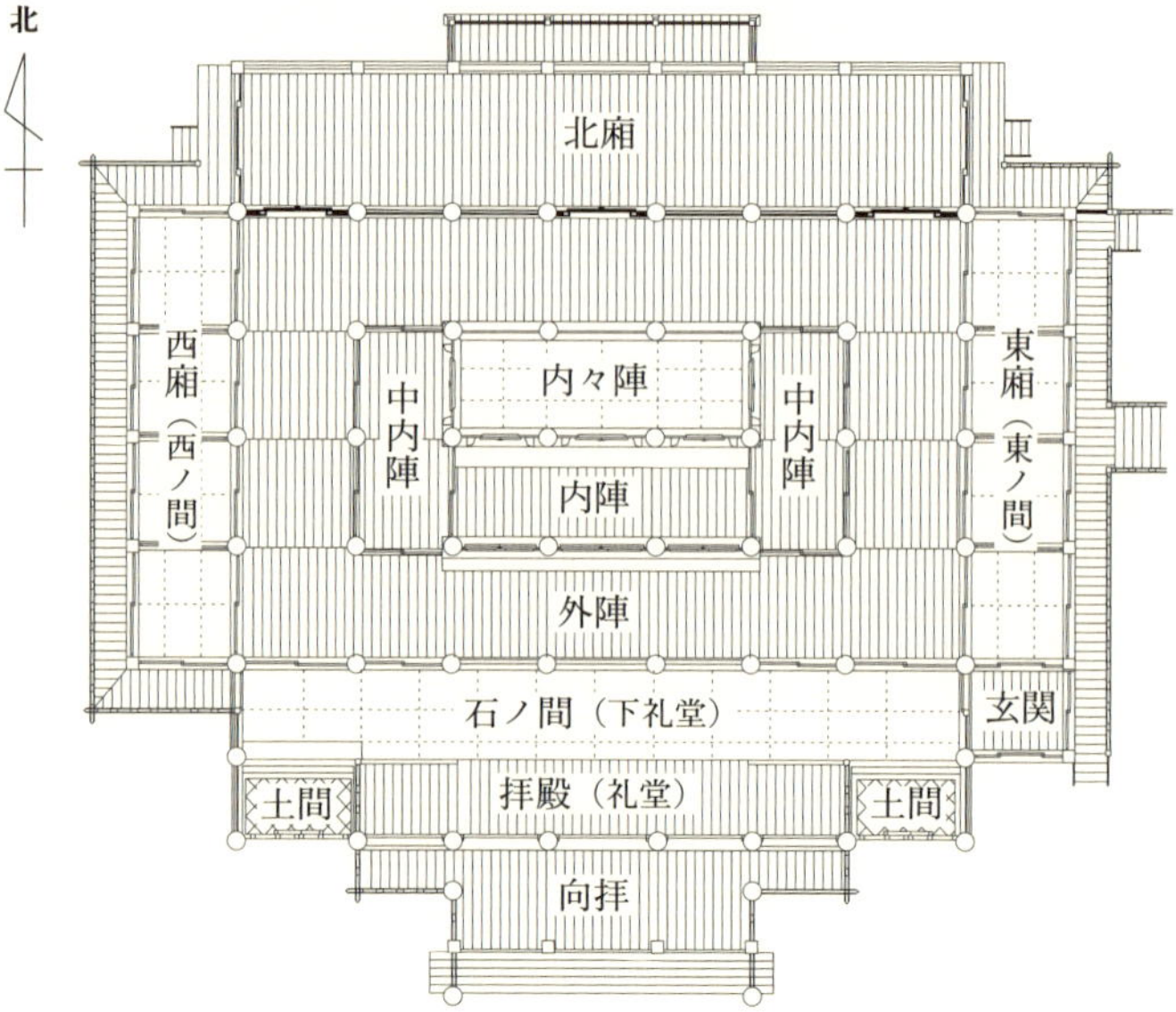

が参進する。この日は森宮司が自ら斎主として祝詞を奉られる。奏楽のなかで神饌が献じられ、厳粛な神事が進むなか、境内には四若神輿会の輿丁が集まって拝礼し、神輿庫から三基の神輿を担ぎ出す威勢のよい掛け声が響く。静と動の対比が誠に面白い。

一連の神輿洗神事は宮本組が所管するもので、ほかの神事では氏子各地区の代表である清々講社幹事が先に拝礼するが、神輿洗奉告祭では宮本組組頭、清々講社幹事長の順で拝礼するように逆転するのが特徴だ。また、清々講社幹事が礼装として、白麻紋付の上に黒絽や紗の紋付羽織を重ねるのに対し、宮本組は羽織を着ないのが決まり。これは本来、神輿洗を担うのは自分たちで、いざというときには自ら神輿を担ぐ心意気を示すものと、若いころに当時の古老から聞かされている。

神輿洗には、宮本組もかつては役員ら十数人がご奉仕するだけだった時代があるが、基本的には全員奉仕の神事であり、近年ではおおむね五十人前後が出仕するようになってきた。これは先代の今西組頭の時代に督励した効果である。かつて奉仕者が少人数だった背景には、神宝捧持の際に着用する狩衣は組で用意したものを割り当てられるが、紋付袴は自分で用意するものだ、という事情もあった。祇園町の外の組員が増えたこともあり、出入りの呉服屋がないという声に応えて、雨に濡れても丈夫な袴地を扱う業者を紹介し、仕立てが間に合わない新入組員用の衣装も用意して出仕を呼びかけたわけである。

この日はまだご神宝を持つことができない子供も参列を許されており、組員の子弟が袂の長い紋付を着て行列に加わっている姿も見られる。これはまたこれで、地元の子供に祭にご奉仕する

上：神輿を拝みに来た顔見知りの芸妓衆と挨拶を交わす組員の姿も。下：この日神輿を先導する宮本組の行列には子供たちの姿も見られる

気持ちを育てていくうえで意味のあることである。うちの息子も小学校に上がったのを機に加えてもらい、同世代の子供も数人いたので毎年楽しみにご奉仕させていただいていたようだ。体格も大きくなってきたので数え十五歳を潮に大人用の紋付に替え、そのまま本番の神宝捧持にもご奉仕させていただいている。

神輿洗式

奉告祭が済むといよいよ神輿洗である。神輿庫から出された西御座、東御座の神輿は舞殿に上げて直ちに飾りつけられるが、中御座の神輿は飾りをつけないまま南楼門前に据えつけられて渡御に備える。宮本組は境内で小休止の後、改めて本殿前でお祓いを受け、長柄のついた馬乗提灯を手に鳥居外の神幸道に整列する。

この日は松明が出るため、消防団も出動する。地元の弥栄消防分団のメンバーはいずれも宮本組の組員である。分団長の林邦臣さんは、三人いる宮本組副頭の一人であり、前任の分団長は原組頭だった。団員はこの日、神事と消防の役目に手分けしてご奉仕しており、約十人が制服姿で用具を携帯し警戒にあたる。地元に根ざした祭と住民自治の関係が見て取れる。

中御座神輿の輿丁は本来、三若神輿会の担当だが、神輿洗は四若神輿会が担当して中御座神輿を担ぐことになっている。三若が「三条台若中《さんじょうだいわかじゅう》」の名のとおり、千本三条付近の旧三条台村を本拠地とするのに対し、四若は三条京阪南側の若松町、若竹町を本拠にしており、弥栄学区の北隣の有済《ゆうさい》学区の氏子が中心だ。戦後、事情があって三若がご奉仕できなくなった際に、神社や宮本組との距離感の近さもあって、四若が引き受けることになったものだと聞いている。弥栄学区の子供はかつて、四条通を境に北側は有済小学校、南側は新道小学校に通学することになっており、中学ではともに弥栄中学校に通うため、お互いに関係の深い学区である。実際に私も、有済小学校の同級生が大勢、四若で神輿を担いでおり、祭をきっかけに同窓会が実現したこともある。宮本組と四若とは人間関係のうえでも近しい間柄にあるということができる。

午後七時、本殿南の向拝で、神職により長さ二間半という大松明に点灯される。この火は毎年十二月二十八日早朝に参籠潔斎した権宮司によって鑽り出され、本殿外陣東側の白朮灯籠《おけら》で一年間灯し続けられている「白朮火」を移すもので、氏子が大晦日の夜の「白朮参り」で火縄に移して持ち帰り、雑煮の火種とする元の火である。

やがて数人の輿丁で大松明を担ぎ、大勢の輿丁がこれを囲んで「ホイットォ、ホイット」（祝人《ほいと》）の掛け声をかけながら、一対の高張提灯を掲げた宮本組の先導で四条大橋まで進む「道調べの儀」となる。俗に「先走り」とも呼んでいるが、神輿の順路を改め、神聖なる火で清める意味合いがあるとされる。ちょうどこのころ、午後四時半に神社を出発して市内を練り歩いてきた「お迎え提灯」の一行が到着し、四条通で東西から行き違う頃合いになる。お迎え提灯には毎年、交代で山鉾の囃子方が参列しており、平成三十年にご奉仕していた函谷鉾の知人は遠くから手を振って近づいてきて、がっちりと握手してくれた。

大松明を担いだ若衆は、南座の前辺りから四条大橋の中心まで全力疾走すると、五メートルほどもある大松明を垂直に立て、「マワセィ、マワセィ」（回せ）の掛け声で時計回りにギリギリと

上：大松明を担いだ若衆が四条大橋に走る。下：大提灯を先頭に神輿を先導する宮本組

回して火の粉が散らされる。橋上には早くも大勢の見物人が出て、手拍子、拍手の喧噪だ。

この日は毎年、鴨川右岸を下がった西石垣《さいせき》町の料亭「ちもと」の三階で菊水鉾が祇園囃子を奉納するのが恒例になっており、輿丁の掛け声とコンチキチンの鉦の音がステレオのように左右から響く様子は圧巻である。

『祇園社年中行事』などの古文書によると、神輿洗の神輿は南楼門から出て四条河原へ至り、西楼門から境内へ戻る例とされている。轅をつけた神輿が四条通に面した石段を上がり、見物人が立ち並ぶ西楼門をくぐるのは危険との判断からか、現在は神輿は南楼門へ回ることになっているが、道調べの大松明は古例のとおり西楼門から戻っており、このためだけに当日、作業車が出動して西楼門前の歩道に設けられたガードレールを一時、撤去することになっている。

道調べの儀を終えると大松明から四本の小松明に火を移し、前後を護って神輿の出御となる。宮本組は大提灯を先頭に列を組んでこれを先導する。石段下の交差点に現れた神輿は、瓔珞や鈴で荘厳されずに黒塗りの本体が丸見えで、一種異様な迫力に満ちている。神様が乗られる前の神輿を清めるのだから、理屈をいうならこの日の神輿はお留守のはずだが、祇園町の氏子にとっては関係ないようで、柏手を打って拝むお年寄りなどの姿が絶えない。

神幸祭や還幸祭は八坂神社を出発、到着点とするものの、神輿が祇園を渡御するのは最初と最後だけで、祭の中心となるのは洛中の氏子区域である。いわんや山鉾巡行などは、終始祇園の外が舞台となるわけだが、神輿洗は初めから最後まで、祇園町の中で行われるのが特徴だ。祇園の住民にとっては、神輿洗の日こそが我が町のお祭、という感覚があり、四条通の両側は普段着姿の住民や、作業の手を止めた飲食店の人々、お客さんに連れられた芸舞妓などの姿で賑わってい る。私が子供のころなども、地元の祭といえばこの日のことで、早めに夕食を済ませて友達と示し合わせ、甚平姿で神輿の後ろからついて歩いて悦に入ったものだった。

神輿が四条大橋に到着すると、前後に神輿を揺らして轅につけられた「鳴り鐶」がシャンシャンと盛大に鳴らされ、神輿を高く掲げる「差し上げ」や、そのまま神輿を回す「差し回し」などで一暴れする。輿丁にとってはここが見せ場であるが、ハンドマイクを手にした音頭取りが「よっしゃぁ、北へ寄せぇ」と言い出すと、にわかに鎮まって神輿を据えにかかる。このメリハリのよさが、祇園祭の担い手全てに共通する心ばえであり、見ているこちらも気持ちのいいところだ。宮本組はこの間、少し離れた場所で祓所から運び込んだご神水の桶を護っており、神輿が据えられると人混みをかき分けて道をつくり、ご神水を供えて神職の一団をお迎えする。

神職のまくご神水を浴びれば無病息災とされ、昔は地元の子供たちが競って神輿に群がったものだった。近年は観光客が増えたこともあり、橋上の立入は制限されているが、神輿会関係者の家族も多くごった返している。平成三十年には、神輿の位置を少し西側にずらし、参列者のスペースを確保することで混乱の収拾を図った。

久野博権宮司が祝詞を上げられる間は低頭するのが作法。宮本組はもちろん、神輿会の輿丁らもお互いに呼びかけ合って頭に巻いた手拭いを外し、静かに頭を垂れてとても厳粛で清々しい神事である。権宮司の拝礼に続いてお祓い役の神職が前に進み、榊の大麻《おおぬさ》をご神水にひたして左、右、左と振りかける。それだけでは足りないというので、続いて四若神輿会の倉富寅一会長に大

上：四条大橋の上で盛大に神輿の「差し回し」が行われる。下：ご神水を浴びればご利益があるとされ、神職に続いて四若神輿会の倉富寅一会長が盛大に水をまいて歓声が上がる

麻が渡されて存分に水がまかれ、今度はそのたびに賑やかな歓声が上がっている。

神輿洗を終えての帰路は少し気楽な気分に包まれる。神輿も「タマ」と呼ばれる車輪をはめて曳行し、掛け声も「ホイットォ、ホイット」から「ヨイヤッサージャ」に変わる。石段下にはお迎え提灯の一行が居並んで、児《ちご》武者や小町踊、馬長《うまおさ》など趣向を凝らした扮装の子供たちが迎えてくれる。神輿はこの場所で差し上げなどの見せ場があるようだが、宮本組は一足先に神社へ戻り、舞殿を三周回って拝礼し、本殿に上がって「参拝の儀」がある。このときは床几が取り払われており、全員が石ノ間と拝殿に正座し、昔どおりに畳に手をついて二拝二拍手一拝の拝礼をするのがゆかしい。退出時には巫女さんのご奉仕で、直会のお神酒を授かることになっているが、長い一日のご奉仕を終えていただくお神酒は、まさに甘露のひと滴である。

このごろは七月に入ると商店街など町中で祇園囃子が流れ、紋入りの幔幕や提灯を飾る店舗も多く見かけるが、祇園町では古来、十日の神輿洗から二十八日の神輿洗までを本祭の期間としており、家々が晴れの装いとなるのもこの期間中と決まっている。神輿洗が終わるといよいよ、祭本番である。

七月十二日ごろ

ご神宝蔵出し

神輿洗の疲れを癒す間もなく、一両日中にはご神宝を用意する蔵出しの作業が行われる。八坂神社の境内にある神宝蔵から、六種類のご神宝はもちろん、組旗や翳、錦蓋、菅蓋から、ご神宝に差し掛ける朱傘まで、神宝行列に用いる道具類一式を運び出し、状態を改め、本殿西ノ間に準備する作業である。午前九時集合で、たいていは平日昼間にあたることもあって勤め人は参加しづらく、役員をはじめ組員の有志ら、主に地元で店を構えているご主人連中が、商売そっちのけでご奉仕している。

組員と一緒に作業に携わる一団がある。道具方の小島弘久さんとその配下の人たちだ。普段は大工や内装業といった仕事に携わる職人さんたちがこの時期、手伝い方として宮本組に加わって、祭を支えているのである。旗や朱傘といった大きなものから、提灯に用いる蠟燭や水分補給の水に至るまで、行列に必要な道具の一切を準備し、祭礼が無事に執り行えるよう手助けする役割だ。神幸祭、還幸祭の神輿渡御では、背中に「宮本」の合印の入った帷子の裾をからげて「遠見《とおみ》」と呼ばれる先払いや行列の補助にあたっており、神輿洗の日に印半纏姿で大提灯や高張提灯、松明を担ぐ役目も、彼らが担当している。

手伝い方には、配膳師の人々も加わっている。一般には「配膳さん」と呼ばれる京都独特の職業で、普段は契約する料亭やお茶屋に出入りしたり、各所で開かれる茶会や展示会、舞踊の会などの催しに依頼されたりして、座敷に膳を運び、茶を出し、あるいは人数に合わせて宴席を設えたり、客を迎えて下足を取ったりという役目を請け負う仕事である。祇園祭でも配膳さんが活躍する局面は数多く、山鉾町で吉符入の段取りを手伝ったり、社参する長刀鉾稚児の後ろについて大団扇であおいでいたりもする。宮本組では、一日の神宝籤取の席で祝宴の配膳を担当するほか、神宝行列にさまざまな雑用品を携帯して随行し、参集所に集まった組員にお茶を配り、烏帽子や腰に「蘇民将来子孫也」の捻り守をつけた榊を取りつけるといった細かな仕事をこなしている。亡くなった高井石雄さんなどは、宮本組と長刀鉾の双方から仕事を引き受けており、七月の四条通を東奔西走していた。

組員とともに行列に供奉していても、手伝い方の仕事は目立たない裏方の役割が大半だ。休憩

配膳さんの手を借りて捻り守をつけた榊を腰につける

場所に先回りして床几を並べたり、日の落ちるころに提灯を運び込んで蠟燭に火をつけて回ったり、あるいはアルバイトに弁当を配って面倒をみたりと、段取りを十二分に把握し、ハプニングに柔軟に対応する機転が求められるプロの仕事である。

蔵出しのときも、神宝蔵のどこに何がしまってある、といったことは、時々によって入れ替わる組員より、毎年蔵出しと片付けに携わっている彼らのほうがよく把握しているようだ。宮本組とはもちろん、ひと月いくらといった報酬をやり取りしての雇用関係にあるわけだが、猛暑のなか、けっして楽ではない作業をノウハウをもってやり遂げるのは、気持ちがないとできないことだろう。そういう意味では、手伝い方の人々も宮本組の身内だと思っている。

以前は装束の蔵出し作業もあり、引き続き清々館に移って神宝捧持の狩衣や差袴、烏帽子、中啓などを銘々の分だけ用意し、それぞれに配って回っていたため、作業は一日がかりだった。近年は神宝組の人数が増えたことに加え、遠方から来る人も多くなってとても管理が間に合わないため、手入れを含めて装束の管理は個々に任せられており、ご神宝の用意に専念できるようになっている。

七月十三日

三つの稚児社参

祇園祭の「お稚児さん」というと、まず思い浮かぶのは長刀鉾の稚児だろう。鬮取らずで山鉾巡行の先頭を進む長刀鉾は祇園祭の象徴であり、神様の憑坐として鉾に乗る現在唯一の生稚児《いきちご》もまた、祇園祭の象徴である。

しかし「お稚児さん」はほかにもいる。綾傘鉾の稚児と、久世駒形稚児である。

綾傘鉾は山鉾行事の原形ともいわれる鉾で、巨大な傘を中心に棒振り囃子などの風流行列で構成される。『祇園会細記』など江戸時代の記録には、金幣を持つ稚児が三人出ていたことが書かれており、昭和五十四（一九七九）年の綾傘鉾復活に際して稚児も復興された。現在は、金烏帽子に色とりどりの紋紗の水干を着た六人の稚児が行列に加わっている。

久世駒形稚児は由緒が古く、素戔嗚尊の荒御魂を祀る綾戸国中神社の氏子から出る稚児で、狩衣姿でご神体の駒形を首から提げ、中御座の神輿のお供をする。

三つの稚児はそれぞれ、祭に先立って八坂神社に参拝する「稚児社参」を行っている。報道などでも注目され、全国に知られているのはやはり長刀鉾の稚児社参で、十三日午前十一時に執り行われる。

禿を従えた稚児と長刀鉾町の一行は午前十時、四条東洞院の町会所を出発。白馬に乗った稚児は、俗説にいわれる「神の使い」のイメージそのままだ。稚児は蝶蜻蛉の冠に金烏帽子を重ね、袖房のついた鳳凰柄の振袖に紫地波立涌文の指貫をはき、祇園唐草文金襴狩衣の両袖を脱ぐという姿。公家の有職に能装束の要素も加え、室町の威信を示すような見事な拵えである。禿も長小結の侍烏帽子に素襖帯刀。一人が錦袋に入った守刀、もう一人が紫袱紗で太刀を捧げ持っている。

俗に「お位もらい」と呼ばれ、五位少将、十万石大名の位を授かるなどといわれるが、実は根拠不明の民間伝承で、神様の憑坐として大名並みの格式で扱うということの比喩に過ぎない。当たり前だが、叙位叙官は朝廷によってなされ、知行は幕府から授かるものであって、八坂神社にそういった権限はないのである。

社参の際には八坂神社から、稚児の印としてご神木の杉の葉を奉書紙で包んだ「杉守《すぎまもり》」が授与される。これによって「神の使いの資格を得る」などと伝えられることもあるが、神職によると

社参のため白馬に跨がって四条通を進む長刀鉾の稚児

杉守は江戸時代には参拝者に広く授与されていたもので、稚児社参の場で古態を伝えているというほどのことだという。

山鉾連合会副理事長で長刀鉾保存会役員の木村幾次郎さんに聞くと、稚児が「稚児になる」のは六月中に稚児家で行われる「結納の儀」で長刀鉾町の養子となったときであり、そもそも神社側から任命されたり、社参によって何らかの資格を授かったりするものではないとのことだった。

巡行当日、強力の肩に乗って鉾へ向かう長刀鉾の稚児

まことしやかな伝説はほかにも多く、例えば「位をもらった稚児は自分の足で土を踏まない」という話があるが、稚児はこの日の後も木履をはいて自分で歩く。巡行の朝に、町会所から鉾まで強力《ごうりき》の肩に乗って移動することなどから、尾ひれがついて誤り伝えられたものであろう。

元々、稚児というものは祇園祭に限ったものではなく、幼児に神が降臨すると考えた古代信仰に由来するもので、各地の祭礼・神事に登場している。祇園祭でも船鉾や傘鉾を除いて、かつては全ての鉾に稚児が乗っていたが、天保十（一八三九）年の函谷鉾を嚆矢として人形に替わっていったものだ。維新後も、月鉾は明治四十四（一九一一）年まで、放下鉾は昭和三（一九二八）年まで生稚児が務めていた。もちろんそれぞれに禿が付き、扱いは長刀鉾と同格で、社参などの行事も同様に行われていたものである。

本来はそれぞれの鉾町の子供が選ばれたものだが、一時はなり手を探すのが大変で、狂言師の故茂山千之丞さんのように、戦前には同じ人が二度稚児を務めた例も少なくなかったという。先頭を巡行するという長刀鉾の特殊性もあって唯一の生稚児が残ったわけだが、現在では長刀鉾町は夜間人口ゼロの町であり、町内に稚児のなり手はいない。氏子に限らず京都市内の名士の子息が選ばれるようになった結果、注目度も高まり、祇園祭の主役のように扱われることになったものだろう。

同じ十三日の午後二時には久世駒形稚児の社参がある。毎年二人が選ばれて年少者が神幸祭、年長者が還幸祭に供奉しており、綾戸国中神社の宮司が付き添い、二人揃っての社参である。こちらも紫地の指貫に桜色の狩衣を着、金烏帽子を被っているが、長刀鉾の豪奢な衣装と比べると

上：社参を終えた久世駒形稚児の一行。下：17日の神幸祭で胸にご神体の駒形を提げて神輿に供奉する久世駒形稚児

巡行当日の綾傘鉾稚児

一般的な稚児装束だといえるかもしれない。しかし、位が高いのはむしろ駒形稚児のほうで、ご神体の駒形を掛けるため神そのものとみなされ、長刀鉾の稚児が徒歩で参入する皇族下馬下乗の八坂神社境内に、騎馬のまま参入することが許されている。もっとも現在では、馬で来るのは神幸祭、還幸祭のときで、この日は車で来て徒歩で社参している。八坂神社ではどちらも同じように取り扱っておられ、拝礼の手順や杉守が授与されることも同様である。社参の後に立ち寄る「二軒茶屋中村楼」で、主人自ら貴人点《きにんだて》で茶を点て、台つきの茶碗で供するのも同じだと聞いている。

余談ながらこの日供される菓子は、串に刺した餅に白味噌を塗りあぶったもので、当日朝に潔斎した中村楼主人が謹製して神社に献上し、稚児一行にも振る舞われるものである。翌日の十四日から三十一日までは、一般客も中村楼の茶店で味わうことのできるこの時期限定の銘菓だ。一方、三条堀川の菓子司「三條若狭屋」には、これに想を得て大正時代に考案された「祇園ちご餅」があり、こちらは年中求めることができる。

綾傘鉾の稚児社参は七日午後二時半にあり、巡行の際と同じ装束を着た六人の稚児が本殿で拝礼した後、鉾町の人々とともに本殿を三周回って拝礼する「お千度」も行われている。特徴的なのは、こちらは神役に任ずる旨の「宣状」が八坂神社から授与されていることだ。巷間知られた長刀鉾稚児の「お位もらい」はあくまで俗称だが、あまり注目度が高いとはいえない綾傘鉾稚児の社参は、本来的な意味での「お位もらい」であるというわけで、これも祇園祭の知られざる事実である。

七月十四日

中之町神供

かつて洛中の氏子区域には、豊臣秀吉が定めたとされる「寄町《よりちょう》」の制度があり、山鉾を出していない町を各山鉾町に協力する寄町に指定し、税を免除する代わりに山鉾町に地ノ口米を納めて祭の経費を援助することになっていた。松原通麩屋町西入の松原中之町は長刀鉾の寄町の一つで、松原通を山鉾が巡行していた当時はちょうどこの辺りが出発から一里にあたることから、「一里塚」を築いて行列を迎え、水点の薄茶を供して長刀鉾の一行をねぎらったものという。

昭和三十一（一九五六）年に松原通から御池通に順路が変更されたため、翌年から巡行前に、町会所に稚児らを迎えての神事となった。一時は御旅所前や市役所前で全山鉾に茶を供するなどの試行錯誤も重ねたが、近年は「古式一里塚松飾式」と称し、十四日午後二時の神事が定着しているようである。

町会所の奥に小さな祇園社があり、荒布《あらめ》で包んだ竹籠に松を立て三宝に載せた松飾り一対を一里塚として供え、八坂神社宮司と稚児一行を招いて拝礼する。宮司はあくまで来賓との位置づけで、祝詞は町内の神事役が読んでいるようだ。稚児は涼み衣装に稚児袴という平服姿である。面白いのは神事の直会として、古例にちなんで冷水点の抹茶が供される点で、この日のために高橋道八作の藤蔓手白楽大片口や唐花木瓜紋の染めつけられた茶碗など、由緒ある道具が備えられている。

私は学生時代の平成五（一九九三）年に、京都大学の調査実習でこの神事を取材したことがある。土鍋ほどもある片口に氷塊と水を入れて抹茶を点て、順に茶碗に注いでお神酒のようにいただくという特殊性に、とりわけ関心を抱いた。神事の後に私もご馳走になったが、猛暑のなかの冷抹茶は、ちょっとびっくりするほどの清涼感があり、中之町の人々が信念をもって守り続けようとする気持ちがよく分かった。かつては拍子木切りにした瓜と山桃を菓子として出したそうだが、今ではその形を模した干菓子をお下がりとして配付しており、これもずいぶん京都らしい心遣いだと思う。

稚児の提灯行列

十四日から十六日までの毎夕、長刀鉾の稚児が禿やゆかりの人々とともに八坂神社を参拝し、神前の白朮火を授かって町会所へ戻る提灯行列が行われる。涼み衣装姿の稚児と、長刀鉾の浴衣姿の一団が四条通を歩く様子はずいぶんと由緒ありげな風情だが、古来の仕来りではなく、昭和も後半になって始まった新しい風習という。

かつては宵山の三日間に、稚児がほかの山鉾町を挨拶に訪れていたが、見物人の増加で混乱を来すようになり、取り止めになった。これに代わる行事として始まったもので、「宵山の駒形提灯に入れる火を神社にもらいに行く」といった由来を語る人もあるが、どうも後づけの理由であるようだ。

稚児家には結納の際、親類縁者が白木の折敷に熨斗や末広を載せてお祝いを贈る風習があるが、お返しとしてちょうどよいということで、近年ではお祝い返しとして日替わりでこれらの人々を招待することになっており、浴衣を贈って一緒に歩いてもらい、参拝後に直会の小宴を開いてもてなすという段取りである。

新しい行事とはいうものの、三日にわたって神社に日参するわけで、稚児や禿にとって、神様への思いを強めていく期間になっていることは間違いない。本殿での参拝に続いて境内の末社を巡拝する「末社参り」も行われており、山鉾行事が単なる民俗行事や観光行事ではなく、信仰に裏打ちされた神事として執り行われていることを証明しているともいえるだろう。

上：提灯行列で八坂神社に参拝する長刀鉾稚児の一行。下：稚児や禿とともに揃いの浴衣姿の一行が本殿で拝礼する

七月十五日

宵宮祭

十七日の神幸祭に先立つ十五日夜、八坂神社では「宵宮祭《よいみやさい》」が執り行われ、境内の全ての明かりが消された暗闇のなかで、舞殿に据えられた三基の神輿に本殿から神様がお遷りになる。「お神霊《み》遷《たまうつ》し」とも呼ばれ、宵山で賑わう鉾町とは対照的に、静寂で厳粛な神事である。

神輿洗では白麻紋付に袴姿の宮本組だが、この日は礼装として黒の羽織を重ねるのが決まりだ。森宮司以下の神職も、清浄を意味する白一色の狩衣「浄衣《じょうえ》」を召されている。本殿石ノ間の東西に分かれて、清々講社幹事と宮本組役員が参列するのは十日の神輿洗奉告祭と同じだが、この日は神社総代（氏子総代）や三社神輿会代表、弥栄雅楽会会長も加わっている。

弥栄雅楽会については第四章で述べるが、明治の初め、雅楽の習得が楽家以外の一般にも解禁されたのを受けて、八坂神社の神事の楽を司るために祇園町の町年寄でもあり、宮本組の初代組頭でもあった一力亭の九代目当主杉浦治郎右衛門が呼びかけて設立したもので、会長は代々の当主が受け継いでいる。現在は十四代目の杉浦宏和さんが会長を務め、自身でも笙を演奏している。神社総代は清々講社幹事と並んで本殿東側に座を占めるが、弥栄雅楽会会長は弥栄学区のことでもあり、広い意味では宮本組に属する氏子でもあることから、宮本組組頭と並んで西側に参列している。

午後八時、参列者が居並ぶ本殿に神職が参進し、神饌が献じられ、祝詞が奏上される。参列者が順に拝礼したうえで「遷御の儀」となる。神職が内陣に入り、「パチリ、パチリ」という笏拍子の音を合図に境内の明かりが消される。儀式を見守ろうと詰めかけた参拝者からは、期せずしてどよめきが起こるのが通例である。

外陣の東側に安置されている白朮灯籠が消されることはないが、拝殿の上に数多くつるされた灯籠も含めて、境内の明かりという明かりが一斉に消されるので、本殿の内部は真の闇となってほぼ何も見えない。月が出ているときもあり、また町の明かりが反射されるためか、むしろ殿外の空のほうがうっすらと灰色がかって明るく、舞殿と神輿の姿形がシルエットとなって浮かび上がる。

暗闇のなか、外陣の御簾内で献饌の際の奏楽を担当していた弥栄雅楽会の山元徹先生が、拝殿に設えられた和琴の前に進む気配がする。やがて無言のまま、和琴の荘重な独奏が響きはじめると、「オーーー」という警蹕の声とともに神職の一団が内陣から姿を見せる。はっきりとは見えないが、御幣を振る神職を先頭に、「絹垣」と呼ばれる白絹のとばりを持った神職たちに囲まれて、神様をお抱き奉った森宮司が進まれるのが分かる。目の前を神様が通られる瞬間は何度経験しても、理屈抜きに背筋が伸びるような緊張を感じるものである。

この日は本殿南側の階が現され、外陣から石ノ間、拝殿を通って石畳の上にも真菰の筵を敷き詰めた筵道がつくられており、この上を通って舞殿の階を上り、三基の神輿にご神霊が遷されていく。舞殿からは、神輿の扉を開いて神職が柏手を打っておられるような音が聞こえてくるが、

宵宮祭の祭典を終え舞殿の神輿に向かって拝礼が行われる

とばりの中の儀式は秘事とされており、実際に鏡や神像といった何らかのご神体をお遷しするのかどうかなど、詳しいことは分からない。ただし神職に伺ったところによると、ともしびを分けるようなかたちでご神霊を本殿から神輿に遷し、さらに神輿渡御の後の着輿祭で御旅所の御殿にもお遷しするので、本殿がお留守になるわけではないという。

やがて神職が本殿内陣に戻られ、再び笏拍子の合図が響くと一斉に境内の明かりが灯され、金色に輝く神輿の姿に、今度は大きな歓声が沸き起こる。参列者は本殿を出て舞殿の南側に左右に並び、神職から順に玉串を捧げて神輿に拝礼する。

少々不思議なのは、神幸祭のときは二日も前にお神霊遷しがあるのに、還幸祭では当日中に、還御した神輿が揃い次第お神霊遷しが行われることである。古老に聞いても理由を知る人がなく、現在ではすっかり定着している宵宮祭であるが、古文書をひもといてみると、ご神霊をお遷しした神輿を舞殿にお祀りする風習はどうも明治以降のものとみられ、古いことではないらしい。

『祇園社年中行事』によると、江戸時代は六月七日の神幸祭のときに、それまで拝殿（現在の舞殿）に奉安していた三基の神輿を礼堂（本殿南廂にあたる現在の拝殿）に据え置いてご神霊を遷し、そのまま順に出御したことが分かる。かつて天皇は行幸の際、車寄などを使われず、紫宸殿の南廂で鳳輦にお乗りになったもので、江戸城でも将軍が乗物（駕籠）に乗るための駕籠台が大広間東縁にあった。主殿舎の軒先で輿や乗物に乗り、そのまま出御するのは最高の貴人と同じ扱いである。『祇園社年中行事』には、出御した神輿が続いて拝殿の北の階を上がって殿内を通り抜け、南の階を下りて渡御するとあり、「是を拝殿摺《はいでんずり》と云う」と詳しく記されている。

もっとも、今では神幸祭の神事は夕方の明るいうちに営まれるので、聖なる闇を要件とするご神霊の遷御にはふさわしくなく、三基の輿丁が入り乱れて熱気に包まれる境内で静粛を保つのも至難である。神社から真っすぐに四条通を御旅所まで渡御していた神幸祭の神輿渡御が氏子区域を練り歩くようになり、結果として神幸祭の時刻が繰り上がるようになった明治以後に、神幸祭の神事からお神霊遷しが分割されるかたちで、現在のような宵宮祭が始まったものであろう。いずれにせよ、祇園祭の諸行事のなかで最も厳粛で静謐なこの日の神事が、特筆すべき存在感で祭を引き締めていることは間違いない。

「宵宮」と「宵々山」

「宵宮」とは祭の前夜、あるいは数日前の夜に、神の降臨を仰ぐために営まれる神事で、祇園祭に限った名称ではなく、各地の祭礼で行われる一般名詞である。地域によっては「夜宮《よみや》」、「夜祭《よまつり》」などとも呼ばれ、風流行事や神賑行事が催されて氏子が集い、民俗的な意味での祭の本質はむしろ本祭より宵宮にあるといわれることもある。

祇園祭の山鉾町では、山鉾に神の降臨を仰ぐため「宵山《よいやま》」と呼ばれ、これは祇園祭だけの固有名詞だろう。鉾の前後に駒形提灯をつるして灯明を献じ、鉾の上で祇園囃子を演奏して来観者を迎える行事である。元来は山鉾巡行前夜の十六日（後祭は二十三日）に限られた名前だが、鉾が建って曳き初めが執り行われる十二、三日ごろからは同様に鉾の上で囃子が演奏され、来観者も鉾の上に上がったり、お飾り場を拝ませてもらったりすることができるようになる。

高度成長期の観光客増加にともない、行政当局の主導で見物人の分散が図られることになり、初めて十四日から大がかりな交通規制が実施されたのは昭和四十八（一九七三）年のことだった。おかげで前年まで数万人規模だった十四、五日の人出は、当時の京都府警発表で十四日三十一万人、十五日三十九万人と急増することとなった（十六日は五十五万人）。現在ではこの三日間を宵山として山鉾町で諸行事を行うことが定着しており、平成二十六（二〇一四）年に復活した後祭の山鉾も、二十一日から二十三日までの三日間を宵山としている。

十五日は俗に「宵々山」と呼ばれるが、本来このような呼び名はなく、文化人類学者の故米山俊直京都大学名誉教授の編著『ドキュメント祇園祭』によると、昭和四十八（一九七三）年のこ

夕闇に駒形提灯が浮かび上がる宵山風景は祇園祭ならではの風情

の日に高石ともや、永六輔らが円山公園音楽堂で開いたコンサートを「宵々山コンサート」と名づけたのが起源だという。当初は山鉾巡行の十七日に合わせて実施する計画だったが、音楽堂が取れず、日曜日だった十五日の晩に変更し、宵山の前日だから「宵々山」としゃれたものだ。言葉遊びとして面白く、絶妙のネーミングである。

しかし、この呼び名が普及して一人歩きし、まるで正式名称のようにいわれることがあるのは、氏子の立場からはあまり気分のよいものではない。十二月二十三日を「クリスマスイブイブ」と呼ぶようなもので、祭礼の本質に目を向けず、お祭騒ぎだけを強調する軽薄さに、担い手の真剣さや信仰心を茶化すような口吻が感じられるからだ。いまだに十四日を「宵々々山」などと書いている新聞もあるが、近年は俗称であることをアピールする声も高まり、「宵山期間始まる」などと改める例も増えてきた。

七月十七日

神幸祭

十七日はいよいよ祇園祭本祭の前祭である。午前九時からの山鉾巡行に続いて、夕刻からは古来の「神輿迎え」にあたる神幸祭の神輿渡御が執り行われる。山鉾が巡行を終えて町内にたどり着いた午後二時ごろから、八坂神社の境内に宮本組の顔触れが集まりはじめる。本殿西側、玉砂利が敷き詰められた広場の一角にテントを仮設して参集所とされている。集合時間は三時ということになっているが、早め早めに姿を見せる組員が多い。自分たちの身支度はもちろんだが、この日は事前に募集し、行列で組旗や朱傘を持ってもらう白丁など学生アルバイトの段取りも仕事の一つである。

先にも触れたように、組頭をはじめ常任幹事は行列の実務を担う意味合いで白麻紋付に袴姿、町内会長の有志らによる幹事は供奉役員として裃姿、神宝捧持の組員は烏帽子狩衣という姿である。到着次第、配膳さんの手を借りて「蘇民将来子孫也」の捻り守をつけた榊を身につけてもらう。神宝組は烏帽子の紐に結わえつけ、そのほかは袴の右腰に差すことになっている。これは縁起物でもあり、簞笥に入れておくと着物が一枚増えるという俗信もあるらしく、後で知人に差し上げると喜ばれる。神輿洗や本祭にご奉仕するたびにいただくので、私の家では神事のたびに増える榊を小さなお神酒徳利に生けて色が変わるまで神棚に供え、後は捻り守だけを外して、家族それぞれが財布などに入れて身につけるようにしている。

やがて三社神輿会の輿丁たちも集まり、参拝客も人垣をつくって境内が喧噪に包まれるころ、宮本組は揃って昇殿。午後四時、太鼓の合図で森宮司以下の神職が参進されて神事が始められる。神輿の出御を神前に奉告するもので、狭義にはこの奉告神事を「神幸祭」と呼び、行列は「神輿渡御」と呼ばれる。この日の神職は、神社本庁で「正服」とする最高礼装の衣冠単姿である。

本殿石ノ間の東に神社総代と責任役員、清々講社幹事、山鉾連合会代表が座を占め、西に宮本組と弥栄雅楽会会長が着座する。神輿に供奉する清々講社幹事と弥栄雅楽会会長は裃姿である。ご神座正面の拝殿には、狩衣に天冠をつけ、胸にご神体の駒形を提げた久世駒形稚児と正服（衣冠）の綾戸国中神社宮司、裃姿の久世の役員が座るほか、粟田神社と今宮戎神社の宮司が狩衣姿で参列するのが昔からの習いとなっている。

東山区粟田口にある粟田神社は貞観十八（八七六）年、清和天皇の勅命で感神院祇園社から牛頭天王を勧請したと伝わり、かつては「感神院新宮」、「粟田天王社」と呼ばれた神社である。東山一帯には岡崎神社、須賀神社、鷺森神社など、素戔嗚尊・牛頭天王を祀った神社が数多くあるが、八坂神社から分祀されたことが明確で、最も関係の深い神社だ。

一方の今宮戎神社は大阪市浪速区に鎮座し、大阪市民に「えべっさん」と親しまれる大規模な神社だが、明治維新まで代々、中御座神輿の輿丁を務めていた摂津国西成郡今宮村の今宮神人《じにん》の産土神である。同社のご祭神は天照大神など五柱だが、素戔嗚尊も含まれ、事代主命とされる戎

神幸祭神事は綾戸国中神社宮司、久世駒形稚児、粟田神社宮司、今宮戎神社宮司が参列

神は八坂神社境内の末社・北向蛭子社《きたむきえびす》から勧請したとする説もある。明治維新の一連の改革で輿丁としての出仕が廃されたが、戦前までは狩衣の宮司、裃の総代が祇園祭にお供をしていたという。

神事の次第は常のとおりだが、祝詞では神輿渡御の旨が奉告される。駒形稚児や三つの神社の宮司も玉串拝礼を行うため、時間的にはほかの日よりもひときわ長い神事となっているが、神輿渡御を控えた緊張感からか、いつもあっという間に過ぎてしまう不思議な感覚がする。

神事の最後には「勅板授与」があり、内陣から取り出された勅板が、権宮司の手で宮本組組頭に手渡される。これを行列の先頭に掲げて、祇園祭の意義と正統性を示す仕組みである。

神事が終わると小休止の後、本殿前で改め

てお祓いを受け、五時過ぎには本殿西ノ間からご神宝を運び出して南楼門から出発する。もっとも、三基の神輿と東若御座（東御座に付随する子供神輿）が順に発輿し、行列が整うのは六時ごろになるため、石鳥居を出て東大路通までの神幸道で長い待ち時間を過ごすことになる。

神輿渡御

午後六時、中御座神輿が動くのを見て触れ太鼓が鳴らされ、神宝行列が東大路通に歩を進める。宮本組が先導する中御座の行列はおおむね、先導の宮本組組頭または副頭→触れ太鼓→宮本組旗→騎馬武者三騎→豊園泉正寺《ほうえんせんしょうじ》榊組の玉巻御剣（辛櫃）と御真榊→宮本組旗と高張提灯→勅板→幸鉾《さいのほこ》→弥栄雅楽会の楽人→御矛→御楯→御弓→御矢→御剣→御琴→翳→錦蓋→鸞鳥→翳→菅蓋→宮本組供奉役員→駒形稚児（騎馬）→綾戸国中神社宮司（騎馬）→上久世役員→権禰宜（騎馬）→三若神輿会役員→中御座神輿→宮司（塗輿）→清々講社幹事、という順である。組旗が二旒出るのは、かつて後祭に神宝行列を二分して供奉した名残だと思われる。

二十年ほど前から西楼門前で出発式が行われるようになり、中御座、東御座、西御座三基の神輿と東若御座が揃い踏みする。石段下交差点は鈴なりの人波である。宮本組はご神宝を捧持して先に進むため、大和大路辺りから喧噪を遠望するだけだが、私は平成三十年に楽人さんに付き添う役目になり、初めて間近に見ることができた。神幸道から次々と姿を見せる神輿が合流し、「差し上げ」や「差し回し」を繰り返す迫力は圧巻だ。総勢およそ二千人にも及ぶ若衆が入り乱れる姿は壮観である。中御座、東若御座、東御座、西御座の順に神輿が揃うと、輿丁が鉢巻を取

上：神事を終えてご神宝を捧持した宮本組が境内を出発。下：宮本組が先導し、組旗を先頭に神幸祭の神輿渡御列が進発する

出発式で西楼門前に集結した３基の神輿と子供神輿

って整然と座るのもメリハリが効いている。この年は六月の大阪府北部地震や七月初めの西日本豪雨の記憶も新しく、森壽雄宮司が「祇園祭は天変地異を鎮め、疫病を退散させる祭。地震や大雨に苦しむ被災地のためにも、今年の祭を精いっぱい勤めたい」と挨拶されたのが印象的だった。京都市長、京都府知事の祝辞に続いて神職によるお祓いがあり、三社神輿会代表による手締めが行われると、三社の輿丁が一斉に立ち上がって神輿を差し上げ、差し回しを披露してそれぞれの順路へと出発していく。

主祭神素戔嗚尊を祀る中御座は千本三条周辺の旧三条台村を本拠とする三若神輿会、妃の櫛稲田姫命を祀る東御座は三条大和大路周辺の若松町、若竹町を本拠とする四若神輿会、皇子女の八柱御子神を祀る西御座は錦市場を本拠とする錦神輿会の若衆たちが担ぐ。

右上より順に、御鉾、御楯、御弓、御矢、御剣、鸞鳥、翳、菅蓋

かつては神社を出発すると、三基揃って四条通を真っすぐ西に進み、四条寺町の御旅所へ渡御した。渡御順路の最古の記録は明応九（一五〇〇）年に記された『祇園会山鉾事』にあり、応仁の乱による中絶から祇園会が再興した際に「四条を西へ烏丸まで」と明記されている。天正十九（一五九一）年、豊臣秀吉の御土居建造により四条の祇園口が封鎖されると三条大橋へ迂回したが、慶長六（一六〇一）年に御土居を切り崩して祇園口が開放されると元の四条へ戻った。その後江戸時代を通じて、四条には鴨川を渡る大橋（公儀橋）が架けられておらず、人が歩いて流れを渡る程度の小規模なものしかなかったが、祇園社の神人とされた洛中の材木座商人たちが毎年、神輿渡御のためにこの時期だけ浮橋（仮橋）を架ける例で、鴨川の増水時に限って三条大橋へ迂回することになっていた。

明治六（一八七三）年に四条大橋普請のために三条へ迂回すると、これが好評だったものか、翌年、下京十五区（現在の弥栄学区）の区長から、「従来の順路では多くの供奉者が行列できず、縄手辺り〔迂回路となった大和大路〕も賑わうので」と「神幸路筋替」の伺いが出され、以後は大和大路を北上して三条大橋を渡り、河原町を南行して四条へ戻る順路に変更された。現在ではさらに木屋町を二条へ上がり、寺町を三条まで下がって河原町に出る、というように順路が延びている。また、東御座と東若御座、西御座はそれぞれ別の順路を通り、前祭と後祭で、手分けして氏子区域をくまなく回ることになっている。

この日は神宝捧持列だけでなく、騎馬武者や御真榊もあって後祭より豪華な行列である。しかしいずれも、かつては後祭にもあったもので、何とか伝統を守っているといったほうが正確かも

泉正寺町の榊台（昭和初期）

しれない。明治時代の列立を見ると、このほかにも江戸時代に雑色の配下だった見座《けんざ》の流れを汲む「見座武者」や、将軍家から献納されていた「御神馬」、江戸時代に御旅所から出た「神殿児《こうどのちご》」に由来するとみられる「童水干《わらわすいかん》」、「日供辛櫃《にっくからびつ》」などの名があり、後祭では下京回りの中御座、東御座に駒形稚児と童水干が供奉し、上京回りの西御座に長刀鉾、月鉾、放下鉾の稚児が供奉するなど、より充実した行列だったことが分かる。

下京区高辻通柳馬場西入の泉正寺町は、当時から「榊台」を出して供奉していたもので、別に中京区釜座通三条上ル城巽突抜町の真榊組が出していた「真榊」もあって、後祭は二手に分かれて泉正寺町が西御座に、城巽突抜町が中御座、東御座に供奉していた。泉正寺町は豊園学区内の一町で、学区全体では「清々講社第二十三号豊園社」を名乗って玉巻御剣の辛櫃を出している。泉正寺町だけでのご奉仕が難しくなった結果だろうが、戦後には両者が一体化して豊園御榊組となり、近年は由緒ある泉正寺町の名を冠して豊園泉正寺榊組と称している。

現在は宮本組が預かっている勅板も、元は御旅所に伝世したものであるため、御旅所の地元の永松学区が「清々講社第二十五号八雲組」を称して、直垂姿で捧持していたようだ。このほか、当時「弦召《つるめそ》」と呼ばれた鎧武者を出していた六原学区の「第二号弓矢組」をはじめ、氏子区域の二十六学区（当時）がそれぞれ「御串組」（柳池学区）、「八重籬組」（本能学区）、「素鵞組」（日彰学区）、「元八坂組」（清水学区）といった独自の組名を称して神輿渡御に供奉しており、第一号から第三十一号までの清々講社を組織していたことが窺える。なお、明治四十三年時点で第三、四、二十八、二十九号は欠番になっていること、醒泉《せいせん》、修徳《しゅうとく》、有隣《ゆうりん》は三学区合同で「第二十六号三聯組」を組んでいること、「第五号御輿組」、「第三十号真榊組」など学区とは別の組もあることから、組数と学区数は一致しない。神輿の輿丁でも、中御座は「第三十一号三若組」を称しているが、東御座は「清々講社四若組」、西御座（当時）は「清々講社壬生組」として番号がついていない。四若は地域的には「第十八号八廣組」の有済学区に属し、壬生は当時、葛野郡朱雀野村の一部で氏子区域外にあたることや、三若は乾《いぬい》学区内に拠点を置きながら当時の朱雀野村西ノ京辺

明治の清々講社一覧

号数	名称	当時の組番など	学区名	現在の講社名	現在の行政区
第一号	宮本組 （宮本祇榊組） （宮本敬神組） （宮本神饌組） （宮本燈明組）	下京十五組	弥栄	宮本組・弥栄	東山
第二号	弓矢組	下京二十一組	六原	六原	東山
第三号	文庫組	－	－	－	
第四号	美寿組	－	－	－	
第五号	御輿組	－	－	－	
第六号	教業組	上京二十六組	教業	教業	中京
第七号	城巽組	上京二十七組	城巽	城巽	中京
第八号	龍池組	上京二十八組	龍池	龍池	中京
第九号	初音組	上京二十九組	初音	初音	中京
第十号	御串組	上京三十組	柳池	柳池	中京
第十一号	銅駝組	上京三十一組	銅駝	銅駝	中京
第十二号	乾元組	下京一組	乾	乾	中京
第十三号	八重籬組	下京二組	本能	本能	中京
第十四号	明倫組	下京三組	明倫	明倫	中京
第十五号	素鵞組	下京四組	日彰	日彰	中京
第十六号	生祥組	下京五組	生祥	生祥	中京
第十七号	立誠組	下京六組	立誠	立誠	中京
第十八号	八廣組	下京七組	有済	有済	東山
第十九号	宮川組	下京二十組	新道	新道	東山
第二十号	郁文組	下京九組	郁文	郁文	下京
第二十一号	格致組	下京十組	格致	格致	下京
第二十二号	八重垣組	下京十一組	成徳	成徳	下京
第二十三号	豊園社	下京十二組	豊園	豊園	下京
第二十四号	開智組	下京十三組	開智	開智	下京
第二十五号	八雲組	下京十四組	永松	永松	下京
第二十六号	三聯組	下京十七組	醒泉	－	下京
		下京十八組	修徳	－	下京
		下京十九組	有隣	有隣	下京
第二十七号	元八坂組	下京二十二組	清水	清水	東山
第三十号	真榊組	城巽突抜町	（城巽）	（城巽）	中京
第三十一号	三若組	中御座輿丁	－	三若神輿会	
			朱雀第一	朱雀	中京
号数なし	四若組	東御座輿丁	－	四若神輿会	
号数なし	壬生組	西御座輿丁	－	－	
			－	錦神輿会	
号数なし	榊台	泉正寺町	（豊園）	豊園泉正寺榊組	下京

※第二十八、二十九号は欠番。朱雀清々講社、錦神輿会は戦後発足

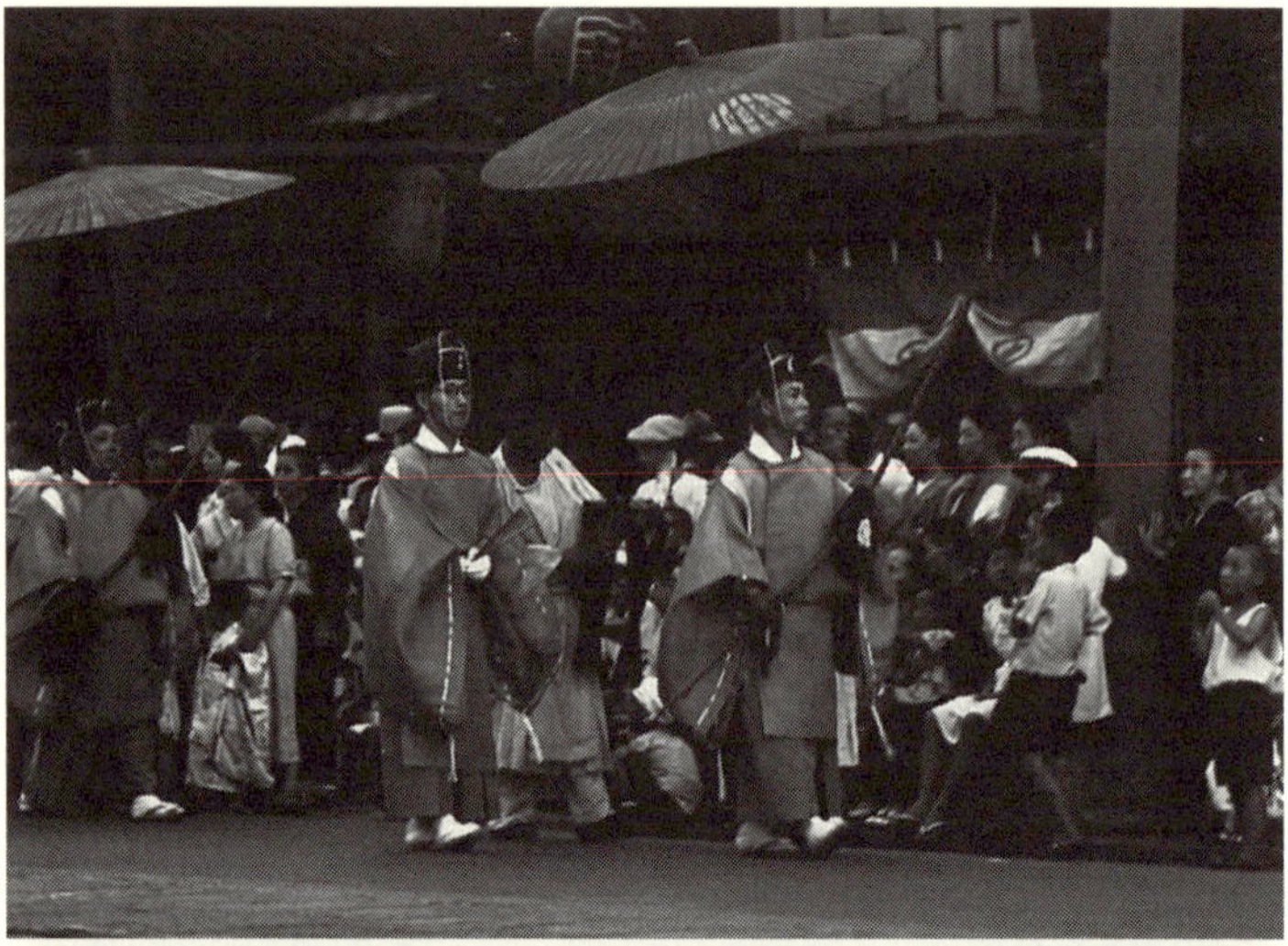

昭和初期の神幸祭神輿渡御（以下4点）。直垂姿で勅板を捧持するのは八雲組の氏子とみられる

りに広がりをもち、現在の朱雀清々講社につながっていること、三社神輿会を代表する立場にあったことなどが関係しているように推測される。

宮本組の神宝行列は、中御座の神輿を先導するかたちで進む。毎年、頭を痛めるのが交通規制の問題だ。合間に人や車を通しながら、いかに整然と行列を進め、神輿を渡御させるか。担当各署の警察官には大変なご苦労をかけているが、昔の松原、五条、堀川、中立売各署、現在は東山、下京、中京各署と所轄区域をまたいでの渡御となるため、信号を止めるかどうかといった対応が署によって異なるのも混乱の元になっている。通りがかりの人々にも、自分から自転車を降りて待ってくれる人がいる半面、隙を見て行列を横切ろうとする人もちょくちょく出てくるので、宮本組でも気を遣わなければならない。まれに警察官に食ってかかっているような人を見かけるのには閉口する。規制だけでなく、平成三十年は役員のほかに数人を「列方」として進行中の行列を整える役割を担うことにしたところ、「今年の行列は抜群に美しかった」と好評を受けた。

以前は木屋町二条で三若の輿丁が食事を摂っていたため、宮本組も同所で小休止し、先に出発して寺町三条で再び休憩を取っていたが、現在は三若が寺町押小路で食事を含めて大休止するため、宮本組も寺町三条までノンストップで進むことになっている。休憩の際は毎年、同地の老舗喫茶店「スマート珈琲店」が、氷の入った麦茶と冷たいおしぼりでねぎらってくださっており、猛暑のなかでもうひと頑張りする気力をいただいている。

三条から河原町の繁華街を通り、神宝行列が四条寺町の御旅所に到着するのは午後八時半ごろである。その後、三基の神輿と子供神輿が順に到着し、そのたびに「ホイットォ、ホイット」の掛け声も勇ましく、盛大に神輿が練られて、観衆から歓声が上がる。

着輿祭

神宝組にご奉仕する組員は、ご神宝を御旅所に奉安すると解散するが、役員は全ての神輿の到着を見届けることになっている。中御座、東御座、東若御座はかつての大政所御旅所にあたる御旅所西御殿、西御座はかつての少将井御旅所にあたる東御殿の前に神輿を据えて「着輿祭《ちゃくよさい》」の神事があり、神職が祝詞を奏上して、神輿に乗られたご神霊を御殿にお迎えする。

『祇園社年中行事』には「御旅所にて下遷宮」とあるから、江戸時代にはここで神輿からご神霊をお遷ししていたことが分かるが、現在の着輿祭では宵宮祭のような「お神霊遷し」が行われるわけではないから、神輿からご分霊をお遷しすると考えるべきだろうか。あるいは、そもそも普段から西御殿は御旅所西社と呼ばれて素戔嗚尊と櫛稲田姫命を、東御殿は御旅所東社と呼ばれて八柱御子神を奉斎しているため、御殿におられる神様に神輿の到着をご奉告するものと捉えるべきだろうか。いずれにせよ、神輿から神様がお降りになってしまうわけではなく、神様がお乗りになった神輿を神輿舎にお祀りして、二十四日までの間、氏子たちが参拝することになっている。

四度にわたって行われる着輿祭では、それぞれの神輿を担いできた神輿会の役員と、神輿の後ろをお供してきた各清々講社の幹事が、玉串を捧げて拝礼する。先着して全ての神輿をお迎えする宮本組は、組頭以下役員が揃って四回とも拝礼することになっている。着輿祭を終えた神輿は、

上：四条河原町で「差し回し」を披露する中御座。中：御旅所に到着した東御座の神輿が西御殿の前で盛大に練られて鳴り鐶の音が響く。下：御旅所の前を練り回す西御座

東西の御殿の間にある神輿舎に奉安される。普段は京土産の売店になっている神輿舎だが、祭の期間には本来の姿を取り戻すというわけだ。中御座の着輿祭が午後九時、最後に到着する西御座の着輿祭終了は午後十一時半ごろに及ぶ。棒になった足を引きずって祇園に帰り、反省会と称して飲むビールの味は格別である。

ご神宝が役員の手で御旅所に奉安される

18日早朝の御旅所。神輿はすでに飾りつけられお神酒が供えられている

七月十八日

御旅所飾り付け

長丁場のご奉仕を終えて、神幸祭の翌日はゆっくりしたいところだが、早朝から大事な仕事がある。御旅所に運んだご神宝の飾り付けだ。

御旅所では神輿が駐輦する期間中、神職が交代で不寝番を務めておられ、前夜の神輿到着後、直ちに提灯を飾り、蠟燭の献灯台を取りつけて、氏子が奉献した数多くのお神酒の瓶子を供えている。この日の朝にはすでに授与所も整えられて万全の態勢であるが、ご神宝だけは宮本組でお預かりしている関係上、自らの手で飾りつけることになっている。

作業開始は午前八時とされているが、

宮本組の手で幔幕を掲げてご神宝が御旅所に飾りつけられる。ケースに入っているのは承応3（1654）年に徳川家綱が献納した御太刀袋

七時半ごろには組員が集まってくる。授与所で蠟燭を求めてお灯明を捧げ、神輿を拝んでから飾り付けに取りかかる。

神輿舎の西側に幅一間ほどの台が設けられており、ここが還幸祭までの七日間、ご神宝のお飾り場となる。莫蓙を敷き、浅葱幕で囲んで座を設え、菰筵を重ねた上にご神宝を飾りつけていく。

組員の参加は二十人前後。この日も道具方の小島さんたちが活躍してくれる。彼らが車で運び込んでくれる飾り台の組立がひと苦労だ。白木の飾り台は釘を使わない組立式だが、部材も多く、説明書があるわけでもないので、どうしても組立方を間違えてやり直しになる。現在の飾り台は平成二十六（二〇一四）年に組員から寄付を集めて新調したもので、御剣の飾り台の下部に寄付者の銘板が取りつけられている。以前の飾り台の部材は再利用され、組員が身につける守札をつくって配付された。

ご神宝を飾り終わり、正面にご神紋を染め抜いた幔幕を張って、原組頭の手でその年の奉仕者の名簿が飾られると、作業は完了である。この時点で午前九時前後。組員はそれぞれの仕事場へと散っていく。前日の疲れが残るものの、早朝から神様にご奉仕させていただくのは爽快な気分だ。作業の途中、交代で向かいにあるうどん屋に足を運び、組頭の奢りで朝食をご馳走になるのも、ちょっと嬉しい恒例になっている。

七月十九日

御旅所詣

十七日の神幸祭で八坂神社から渡御した三基の神輿は、二十四日の還幸祭まで七日の間、四条寺町の御旅所に駐輦する。古くは神幸祭を「神輿迎え」、還幸祭を「祇園御霊会」と呼んでおり、鴨東の祇園社から洛中に神様をお迎えしてご神威をいただき、七日後に神泉苑に渡御して災厄祓いの神事を営む、という祇園祭の本義を示している。つまり、前祭より後祭のほうが本番という、意外な事実である。

かつては高辻東洞院の大政所御旅所に中御座と東御座、冷泉東洞院の少将井御旅所に西御座が渡御したが、天正十九(一五九一)年、豊臣秀吉の命で現在地に統合された。先述した御土居の建造と同時であり、「天正の地割」といわれる秀吉の京都大改造の一環である。このとき洛中に点在していた寺院を、東の「寺町」や北の「寺之内」など周縁部に強制的に移転させており、当時寺院扱いだった感神院祇園社の御旅所も「寺町」に移転させられたというわけだろう。面白いのは同じ敷地に移転しながら、大政所は四条通の北側に西向きに、少将井は南側に西向きに、建物を分けて設けられたことである。

十年後に御土居が切り崩されると、四条通が御旅所の境内を突き抜けることになる。祇園社へ参詣する洛中の人々は、四条寺町の辻で鳥居をくぐって御旅所の敷地に入り、そのまま御旅所を通り抜けて四条河原に至り、鴨川を渡ることになった。川を渡った先の祇園に、四条通をはさんで町ができる最初の契機であり、やがて江戸時代の寛文十(一六七〇)年に寛文新堤が築かれて町地が拡大されると、現在につながる祇園町が形成され、花街として発展していくことになった。

浴衣がけで「原了郭」に集まった宮本組の組員たち

御旅所は明治になって四条大橋が架設されてからも、同じように四条通をはさんで両側にあったが、明治四十四（一九一一）年十二月、道路拡幅のために北側の大政所御旅所が南側に移転し、少将井御旅所も数間南に移ってともに北面することとなり、現在のような西御殿、東御殿という形になった。両御殿の間に神輿舎が設けられて、三基が揃って奉安されるようになったのもこのときからで、それまでは神輿も南北に分かれて渡御していたのである。

ご駐輦中、氏子の間で行われるのが「無言参り」の風習だ。七日七晩、自宅から御旅所まで一言も口をきかずに日参すれば願い事がかなうとされる。御旅所ではこの間、神職らが交代で不寝番を務めているが、聞くと「夜中のお参りも結構あります」。姉さん芸妓やなじみ客に見つかると挨拶しないわけにはいかないので、かつては芸舞妓らが夜半、ひそかに恋の願掛けに通う姿も見られたという。

宮本組では十九日夕、浴衣がけで揃って参詣する習わしになっている。もっとも最初から「無言は無理や」と諦めて「御旅所詣」と呼んでいる。午後六時に組頭宅に集まり、賑やかにしゃべりながら下駄を響かせて四条大橋を渡っていく。途中、誰かの知り合いが通りかかって「無言参りどすか?」。「あんたが聞くさかい、無言にならへんにゃがな」などと笑い声が上がる。

夏祭といえば浴衣であり、祇園祭でも山鉾の囃子方などは揃いの浴衣が制服みたいなものだが、宮本組の神事奉仕は紋付や狩衣のため、組の浴衣というものは存在しない。色とりどりの浴衣を身につけた男の一団が町を闊歩するのもなかなかの迫力であり、観光客などは遠慮して自ずと道を空けてくれるのが面白い。

以前は役員が集まって参拝していたが、平成十六(二〇〇四)年から当時の今西組頭の発案で全員に声をかけることになり、組員同士が交流を深め、祭礼奉仕の意気込みを高め合う絶好の契機となった。平成三十年は原組頭の呼び掛けで、浴衣の上に黒半纏を重ねることとし、約二十人が参加した。神輿にお灯明を捧げて柏手を打ち、揃って拝礼。参拝後は直会としての小宴も恒例で、祭半ばに少し気楽な気分で疲れを癒し、後半に向けて気持ちを新たにする機会となっている。

七月二十三日

又旅社オハケ神事

祇園祭のなかでも目立たない行事だが、還幸祭の前日、七月二十三日午後二時から三条黒門の北西角にある三条御供社《ごくうしゃ》で「オハケ神事」が執り行われる。「オハケ」とは聞き慣れない言葉だが、三代前の高原美忠宮司の著書『八坂神社』には「おそらく神のうしはきたまふところの意で神霊を迎へる所の意であろう。うしはくとは領すの古語である」とあって、しめ縄を張って祓い清めた神の依代を指すようだ。

四条寺町の御旅所に七日間駐輦した三基の神輿が、還幸祭で渡御して神事が行われる場所がここである。いにしえの神泉苑の南東角にあたり、後代になって神泉苑が縮小した後も、祇園祭のために八坂神社の境外末社として残されたものだ。この場所で行われる神事こそが、貞観十一(八六九)年に神泉苑に神輿を迎えて始まった祇園御霊会であり、祇園祭の原点なのである。オハケ神事はその重要な神事のために、神様の依代として、特別に神聖な斎場を臨時に用意するという、準備のための神事だといえる。正式には「オハケ清祓式《きよはらいしき》」と呼ばれている。

神様が御旅所からさらに旅して来られる場所にあたるので、御供社は「又旅所《またたびしょ》」、「又旅社」とも呼ばれ、鳥居には「八坂御供社」の扁額が掲げられているが、実は八坂神社境外末社としての正式名称は「又旅社」になっている。所在地は「御供町《おんともちょう》」であり、どちらが古い呼び名なのかは不明だが、氏子の間では、改まった場合は「御供社」、通常は親しみを込めて「又旅さん」と呼ぶことが多いようだ。

オハケ神事は御供社地元の氏子たちが中心になって営まれるもので、宮本組では従来、組頭が代表して参列してきたが、還幸祭の神輿渡御でお世話になることもあって、平成三十年には組員に呼びかけて約二十人が参列した。

門前に設けられた斎芝に神職が３本の御幣を立てる

宮本組も黒半纏姿で参列する

御供社門前の東側に、畳縦半分ほどの大きさの台を設けて斎芝が植えられ、四隅に斎竹を立ててしめ縄が張られる。神泉苑の水辺を表すものであり、昔の写真を見ると、路面が舗装された後もこのための芝地が残されていたようだ。社殿で祝詞が上げられた後、神職が神様の依代となる三本の御幣を芝に立ててお祓いする。

オハケ神事には、地元の教業《きょうぎょう》、乾、朱雀各学区の清々講社幹事をはじめ、森壽雄宮司が白衣に黒羽織の略礼装で参列されるほか、今西知夫清々講社幹事長、原悟宮本組組頭、近くの今新在家西町に会所がある三若神輿会の近藤浩史会長らが参列し、順に拝礼する。宮本組も黒半纏を着て加わったが、地元の氏子が多数集まって神社の前に立ち並び、この地域の祭に対する熱意が感じられる。

御旅所は安土桃山時代に現在地に移転して

いるが、又旅社の位置は変わりなく、平安時代から現在まで、変わらず三基の神輿が渡御して祭が続けられてきた。京都で最も長いアーケードとして知られる三条会商店街に面しており、古くからの住民も多い周辺一帯は、八坂神社の氏子区域としても重要なエリアだ。宮本組の神宝行列にも、休憩所の提供や飲み物のご接待などで協力してくださる商店や民家が少なくない。華やかな観光行事とは一線を画す、地域に根ざした祇園祭の風景がある。

七月二十四日

山鉾と花傘

二十四日は後祭である。午前中には山鉾巡行と花傘巡行があり、前祭とはまたひと味違った賑わいを見ることができる。

昭和四十一（一九六六）年に山鉾巡行が十七日に合同されたのは、主に交通規制上の問題と観光対策が理由で、神輿渡御の直前に都大路の穢れを鉾が集めて回り、街中を清めるという祭の本義から、当時の高原美忠宮司は最後まで反対しておられた。ただそのころは高度経済成長真っただ中。伝統や文化よりも経済や効率が何より重視された時代でもあり、行政側に押し切られるかたちでの合同巡行となったのである。

しかし、二十四日の神輿渡御の前に何もないでは困るため、山鉾風流の原初の形を再現する意味合いで考案されたのが花傘巡行である。傘鉾によく似た形状の「花傘」数基を軸に、幌武者や児武者、馬長稚児、神饌行列、いくつかの学区の子供神輿のほか、久世六斎、獅子舞、祇園太鼓、鷺踊、芸舞妓の舞（祇園甲部は雀踊、祇園東は小町踊、先斗町は歌舞伎踊、宮川町はコンチキ音頭で、二花街ずつが隔年で奉仕する）などの芸能が加わるのが特徴だ。行列の末尾には、各山鉾町の祇園囃子が交代で加わっている。清々講社が中心となり、八坂神社青年会や婦人会など氏子組織が一体となって奉仕しているお祭だ。午前十時に祇園石段下を出発して四条通を西進。御旅所で神輿に拝礼した後、寺町を北上し、御池で右折、河原町を南下して四条を東進。正午ごろに八坂神社に入った後、舞殿でこれらの芸能の奉納が行われる。

山鉾や神輿の行列が基本的に男性中心に構成されている（実際には複数の山鉾で女性囃子方が解禁されており、「女人禁制」は過去のものになりつつある）のに対し、花傘は女性が目立つ華やかな行列である。宮本組は以前、組頭が弥栄清々講社社長の立場で参列していただけで基本的には無関係だが、息子が小学校一年のときに学校を通じた募集で子供神輿を担いだことがあり、私も付き添いで法被を着て歩いたことがある。祇園東で舞妓、芸妓に出ていた母は草創期の花傘巡行に何度か参列しており、実は親子三代でご奉仕したご縁である。

平成二十六（二〇一四）年からは後祭の山鉾巡行が復活され、十基の山鉾が午前九時半に烏丸御池を出発。橋弁慶山を先頭に、市役所前での鬮改めを経て河原町、四条と、ちょうど前祭の順路を逆にたどって巡行している。山鉾の復活で花傘の存在意義は薄れることになったが、花傘にも約五十年の伝統があり、奉仕者らの熱意で継続されている。

後祭の山鉾復興の直接的な契機は大船鉾の復活だった。合同当時に比べると、綾傘鉾、蟷螂山、

上：花傘巡行の先頭を進む神饌行列。右下：馬長稚児と花傘。左下：勇壮な獅子舞

四条傘鉾と休み山が復興を重ね、行列が長大化していた。午前九時に長刀鉾が四条烏丸を出発しても、末尾の南観音山の出発は十一時半ごろになる。もう少しすると河原町、御池、新町と巡行した長刀鉾が四条に帰り着く頃合いだ。「大船鉾が出たら、一周してつながるんちゃうか」とは、当時山鉾関係者からしばしば聞かれた懸念であった。

もっと物理的な問題もあった。大船鉾は新町通四条下ル四条町だが、新町通は狭くて山鉾が行き違えない。船鉾は一丁南の綾小路下ル船鉾町、岩戸山は二丁南の仏光寺下ル岩戸山町だが、出発時は大船鉾が先に四条へ出ていったん西によけ、二つの山鉾を先に通さなければならない。帰着時はさらに問題だ。新町通は四条上ル小結棚町に放下鉾、錦小路上ル百足屋町に南観音山、蛸薬師上ル六角町に北観音山があるが、南の大船鉾を先に通す必要があるから、これらの山鉾は新町御池で最後尾の大船鉾を延々と待つ羽目になる。四条烏丸から出発する前祭と、烏丸三条から出発していた後祭を一緒にしたことの無理が表面化したのである。

一方で、四十八年ぶりに後祭巡行を復活するには、巡行路の選定（合同前は烏丸三条から三条を東、寺町を南、四条を西に進んでいたが、三条、寺町は道幅が狭くて見物人に対応できず、寺町には商店街のアーケードがあって山鉾が通れない）、交通規制や警備の問題に加え、数の少ない後祭の山鉾が前祭の宵山の賑わいに加われなくなるため、粽など授与品の売上が激減するのでは、といった懸念もあった。

歴史的な決断に至った背景には、時の山鉾連合会理事長が北観音山の吉田孝次郎さん、副理事長の一人が鈴鹿山の福井藤次郎さんと、後祭の町内出身者だったことが大きいだろう。吉田さんたちは「合同前の巡行を知っている世代が健在のうちに、祭の本来の形を取り戻したい」との熱意で一つ一つ、実現への課題を乗り越えていった。また、平成二十（二〇〇八）年に就任した門川大作京都市長が城巽《じようそん》学区出身の八坂神社氏子であり、祭の本義に対する理解者であったことも大きかった。

　復活の前後に、手遅れを意味する「後の祭」という慣用句の語源だというような報道も見られたが、祭の実態を知る氏子の立場からすると、ずいぶん無責任な話だといわざるを得ない。「前祭と違って山鉾が出ないので、見物に行っても手遅れだった」という説は、巡行列が統合された昭和四十一年以降でないと成立しない。「前祭より山鉾が少なく閑散としていた」という説は一見もっともらしく聞こえるが、明治の古写真を見ても後祭には黒山の人だかりがしており、前祭に比べて人気が低かったとはいえないのである。おそらくは「さきのまつり」、「あとのまつり」という音が共通することから、耳なじみのない「後祭」の言葉に慣用句を連想した誰かの言い出したことだろうが、これは牽強付会の類いである。鉾があろうとなかろうと氏子の間では昔から二十四日の祭礼を「後祭」と呼んで勤めてきたのであり、無関係な慣用句と関連性があるようにいわれるのは迷惑なことだ。

　前祭の宵山は街中に夜店の屋台が出て街全体が熱を帯びたようになるが、復活した後祭の宵山にはこうした屋台が出ないのが対照的である。飲み食いもできないのでは祭の楽しみが半減、と思われがちだが、地域の店舗が店の表で自慢の品々や飲み物を売っており、心配は無用だ。かえって街路も広く、そぞろ歩きには最適で、氏子の間では「昔のように落ち着いた宵山風情が戻ってきた」と好評を得ている。

うちの娘二人は幼少期から小学校六年まで、お友達のご縁で宵山に、南観音山の粽売りのお手伝いをさせてもらっており、交代で山の前の献灯場で「厄除けのお守はこれより出ます。常は出ません今晩限り。ご信心のおん方さまは、受けてお帰りなされましょう。蠟燭一丁献じられましょう。蠟燭一丁どうですか」という童歌をうたってご奉仕していた。子供なりにやりがいのある

後祭の宵山で童歌を歌って南観音山の粽売りを手伝う子供たち

仕事らしく、当番の時刻になると浴衣に着替えていそいそと出かけていくのが面白かったが、こうしたかたちで地元意識を育ててもらえるのは、親としても誠にありがたいことだった。

南観音山は後祭の町内であり、まさに娘たちのご奉仕している時期に、宵山の日程が変わった。よそから乗り込んできた屋台や観光客で騒然としている前祭には、それはそれで「世界の祭」という晴れがましさがあって良いものだが、地元のお店が前面に出て、人出も氏子や地元民が中心に思える後祭には「自分たちのお祭」という感覚がかみしめられるように思える。

復活の年には娘二人を連れて鬮改めの場所へ山鉾の巡行を見に出かけたが、百五十年ぶりに復活した大船鉾が、塗りや錺金具も施されていない白木造りのまま、炎上前から大切に受け継いできた大金幣や胴掛、水引など古色蒼然たる懸想品に身を包んで姿を見せたのには、胸が熱くなる思いがした。鉾の上の人々も、みんな万感の表情だった。

大船鉾が通り過ぎる頃合いに、寺町通の南方から太鼓の音が響いてきたかと思うと花傘の巡行で、ちょうど寺町御池の交差点で山鉾と花傘の行列が一体化するという演出も素晴らしかった。花傘の存在意義も失われず、前祭より山鉾が少ない後祭の巡行にもより見応えが加わったわけで、双方にとって良い結果に収まったと感じている。

発輿祭

還幸祭の二十四日も、宮本組の出番は午後からである。ご神宝は四条寺町の御旅所にあるが、十七日と同様に八坂神社本殿西の広場に参集し、榊をつけて身支度を調え、白丁など学生アルバイトの段取りを進める。この日も集合時間は午後三時だが、二時半ごろから組員が集まりはじめる。

三時半ごろには本殿から神職が来られてお祓いがあり、神宝捧持の担当ごとに整列して、四時には触れ太鼓と組旗、高張提灯を先頭に、御旅所へ向けて出発する。横には朱傘を持った白丁さんが付き添うが、傘は閉じたままであり、あくまで傘を差し掛ける対象はご神宝であることをよく表している。

以前の組旗は明治時代につくられたもので、上部に唐花木瓜と左三つ巴のご神紋が染め抜かれ、下に一行に「清々講社第壹號宮本組」と書かれていた。平成二十九（二〇一七）年に京都産業大学ギャラリーで開かれた「弓矢町・祇園祭の武具飾り」展には、「清々講社第貳號弓矢組」と染め抜かれた同様の旗が展示されていたので、あるいはかつて、清々講社の各組に共通してつくられたものかと思われる。傷みが激しく、数年前に新調された際には、旗の縦横比を少し変えており、学区間の序列を主張するかのように思われても時代遅れなので「第壹號」の文字は抜かれている。ただご神紋の下に帯状に、祇園花街の紋章に由来する「つなぎ団子」が染め抜かれているのが祇園らしいところである。

西行き車線が規制された四条通を西陽に向かって歩くのはなかなか気持ちのよいもので、ご神宝を預かっていないこともあってずいぶん気が楽だ。もっともこの後、前祭よりはるかに長いルートを歩くので、御旅所に近づくにつれて緊張感は増してくる。

御旅所に到着すると、三社神輿会の輿丁が殺到して大混雑の状況である。宮本組は直ちにご神

上：還幸祭に向けて南楼門を出発する宮本組。下：組旗を先頭に四条通を御旅所へと進む

宝を運び出して先発し、寺町通の高辻付近まで進んで神輿の発御を待つ。寺町通の古本屋さんや寿司屋さんなどは、毎年のことゆえ顔なじみである。以前は四条寺町南西角の百貨店「藤井大丸」の前に床几を並べて休憩していたこともあった。久世駒形稚児の一行は、かつては四条寺町下ルの京都大神宮で、現在は錦小路新京極の錦天満宮で行粧を整え、中御座神輿の進発を待って行列に加わっている。

数年前まで使われていた明治以来の組旗。「清々講社第壹號宮本組」と染め抜かれている

御旅所の東西の御殿では、午後五時から発輿祭の神事が執り行われる。組頭か代理の役員が玉串を捧げて拝礼しているはずだが、私は常に神宝行列の中にいるので目にしたことがない。意味としては十七日の着輿祭と同じで、あるいは御殿にお遷ししたご分霊を神輿にお戻しし、あるいは御殿の神様に神輿の発御をご奉告申し上げるという神事だ。遠く四条の方向から「ホイットォ、ホイット」の掛け声が響いてくると、触れ太鼓を鳴らして神宝行列の出発である。

神輿渡御

宮本組の神宝行列は、寺町から高辻通を西に向かう。行列の次第は神幸祭と同じだが、騎馬武者と豊園泉正寺榊組は十七日だけの奉仕となっており、少し短い列になっている。また、子供神輿である東若御座はこの日は渡御せず、真っすぐに神社へと運ばれるので、神輿も元々の三基が渡御する形である。

天正十九（一五九一）年に二つの御旅所が四条寺町の現在地に移転統合される前は、高辻東洞院の大政所御旅所を出発した現在の中御座と東御座は、烏丸を下がって松原を西、大宮を北上して三条に至り、又旅社へと渡御していた。一方、冷泉東洞院の少将井御旅所を出た西御座は、東洞院を一筋下がって二条を西へ渡御し、大宮を下がって三条へと至った。三基が合流する三条大宮は古来、「列見《れつけん》の辻」と呼ばれ、行列を点検する場所とされてきた。『本朝世紀』康和五（一一〇三）年六月十四日条には「今年始めて三条大宮を以て列見辻と為す云々。先例は堀河を用いるなり」とあり、この年に三条堀川から大宮に列見の辻が移転したことが分かる。又旅社は三条通の黒門と大宮の間にあるため列見の辻と一体のものと考えられ、合流点で行列を改めた神輿が又旅社の前に集まって、祇園御霊会の神事が行われたわけである。

御旅所の移転後も、七日間駐輦する場所が順路の手前に変わっただけで、中御座、東御座は四条を西へ出て烏丸を南、西御座は東洞院から北と同じ順路を渡御したが、江戸時代の初めに二条城が築造され、二条通が堀川でお城に突き当たるようになったため、堀川で南に迂回して「御城の馬場」を通り、大宮を下がる経路に変更されている。又旅社での神事の後は、三基が揃って三条を東、寺町を南、四条を西へ渡御して帰社するわけだが、平安時代に当時の法皇や上皇をはじめとする貴顕が三条通に桟敷を設けて神輿を見物した記録が多く残されており、三基が揃って三条を渡御する還幸祭は、当時最も見物人の多い祭だったとされる。現在も又旅社から後の順路は同じだが、三基の渡御に時間差があり、又旅社に三基が揃って神事を行い、前後に連なって還幸するという令和元（二〇一九）年の古儀復興は、平安時代以来の伝統を復活するものとなる。

現在は、御旅所から又旅社までの渡御順路は三基それぞれになっており、神幸祭と合わせて、氏子区域を分担して回るという仕組みになっている。中御座は寺町を南、高辻を西、烏丸を北、四条を西と渡御して大宮を上がるが、三条を通り過ぎて御池通の神泉苑へ赴き、神泉苑を預かる東寺真言宗の僧侶らによる拝礼がある。法衣に五条袈裟の僧侶が表白を読み上げ、神式の二拝二拍手一拝の作法で神輿を拝礼するのが面白い。

東御座は烏丸より西の高辻通周辺を渡御し、大宮高辻から北上。西御座は寺町から神輿会地元の錦小路通を渡御した後、烏丸高辻を回って四条から姉小路まで東洞院を北上するのが、少将井

上：神泉苑では僧侶が表白を読み上げて拝礼する。下：神泉苑に渡御した中御座の神輿

時代からの古例をとどめているようだ。大政所御旅所の旧跡には、烏丸通仏光寺下ルに小さな社が残されており、三基の神輿が順に訪れることになっている。

宮本組の神宝行列はおおむね中御座の神輿を先導して供奉する。寺町から高辻を西に折れて間もなく、柳馬場から高倉の間が神幸祭に御真榊を出している泉正寺町であり、町内の氏子が揃って出迎え、冷たいお茶を配ってもてなしてくださるのが恒例だ。同様の給水所は、四条通新町西入の郭巨山町や、三条通の高倉や柳馬場付近、寺町三条の老舗すき焼き店「三嶋亭」などでご奉仕してくださっており、祇園祭がそれぞれの地元の氏子の思いに支えられていることを痛感する。

前例のない猛暑が続いた平成三十（二〇一八）年は熱中症による事故が相次いでおり、参列する子供たちの安全を確保できない、ということで花傘巡行が中止される異例の展開をたどった。神輿渡御も、ご奉仕の給水所だけでは危ないというので、宮本組では熱中症対策としてリヤカーで水を携行し、役員は袂に食塩の小瓶を携えて、水分と塩分の補給に苦慮した。

中御座が神泉苑に渡御し、続いて三条御供社で神事が営まれるため、神宝組は午後六時ごろに三条大宮に到着すると、八時に堀川三条を出発するまで約二時間の休憩になる。以前は近くのお寺を、近年は福祉施設の広間をお借りして夕食を摂っている。神事に参列する役員を除いて時間がたっぷりあるため、三条会商店街の数軒のお店が食後の休憩場所を提供してくださっている。堀川三条南西角の菓子司「三條若狭屋」は、作業場の一角を割いてご神宝の奉安場所を用意し、飲み物や銘菓「祇園ちご餅」でもてなしてくださる例だ。イタリアのボルサリーノなど高級ハットの品揃えで知られる創業百年の老舗「トミヤ帽子店」にお世話になっている組員も多い。御供

上：還幸祭の神輿渡御で高辻通を進む勅板。下：郭巨山町のご奉仕で設けられた給水所

社向かいの喫茶店「ケーキとあっくん」はこの日、「宮本組関係者貸切」の札を出しており、食事を済ませた組員の憩いの場となっている。

私は初めてご奉仕した昭和六十三（一九八八）年に、不思議な経験をした思い出がある。お寺で夕食が済んだころ、ご神宝を一緒に持っていた組員が、ほかの組員から「ちょっと近所の知り合いから呼ばれてまして」と声をかけられた。相棒の私にも「なんか分かりませんけど、一緒に行きまひょか」とお誘い。わけも分からずついていった先は、三条会商店街からどこかの道を北へ曲がったところの民家だった。間口が狭く奥行が深い典型的な「鰻の寝床」の一軒の町家の薄暗い玄関を上がると、庭に面した夏座敷に食膳が用意されており、一家のご主人が訪れた六、七人をもてなしてくれたのである。「知り合い」の一人を除いて初対面のはずなのに、半袖の軽装姿のご主人はにこやかに愛想を振りまきながら、近所の仕出し屋に注文していたらしい鱧の落としや魚素麺《うおぞうめん》などの肴をすすめ、ビールを注いで回る。しかも誰が誰とも分からぬ客は全員、烏帽子狩衣姿である。それは不思議な光景だった。

五十がらみのご主人は私のような若輩も含めて全員に丁寧に敬語で、すすめるばかりでご自身は飲まれず、まるで神様の行列をもてなすことが、氏子としての自分の務めであり、功徳になると考えておられるかのようだった。

実はその後何度か、くだんのお宅がどこだったのか探してみたことがあるのだが、すでに建て替えられているのだろう、それらしい家は見つからなかった。私も初めてのご奉仕で組員の顔が分からず、そのとき一緒にいたのが誰だったのかも分からない。ただ、ご主人がビールの栓を抜くときに栓抜きでコンコンと軽やかに王冠を叩いていたこと、玄関が暗かったのに室内がとても明るかったこと、鱧に添えられていたのが料理屋などのように梅肉でなく、家庭らしくわさび醤油だったこと、テレビからプロ野球のオールスター戦が流れていたことなど、どうでもいいような断片的な記憶ばかりが、昨日のことのように思い出されるのである。

令和元年以降は神宝行列を三分して三座の神輿に供奉することから、夕食休憩もそれぞれの神輿の輿丁に準じて取ることになっており、これまでのようにのんびりとした休息風景は見られなくなるかもしれない。

奉饌祭

神泉苑に立ち寄り、千本通を回った中御座が三条に入ってくると、道幅の狭い三条会商店街は、数百人の輿丁と地元住民、見物人があふれて騒然とし、熱気に包まれる。轅がつかえるため差し回しはできないが、御供社の前に到着すると神輿が差し上げられ、そのまま前後に揺すって鳴り鐶の音がシャンシャンと盛大に響き渡る。神輿が御供社の前に据えられると、午後七時半、「奉饌祭」が営まれる。神饌を供える意味で「御供祭《ごくうさい》」とも呼ばれ、御供社の名の由来でもあるが、神輿でいにしえの神泉苑の地に渡御された神様に神饌を奉り、災厄退散を祈る祇園御霊会の根源的な神事である。

御供社では鳥居の下に祭壇が設けられ、朱塗りの三宝で、三座の神様それぞれに捧げる神酒神饌が供えられている。境内には清々講社幹事長や宮本組役員らが整列しており、奏楽のなかで神輿に神饌が献じられ、森壽雄宮司が祝詞を奏上して拝礼される。社殿にお尻を向け、外の神輿に向かって拝礼するというのも、このときだけの異例の方式だろう。

中御座は三十分程度神輿を止めて神事を行い、輿丁はこの間に弁当を使っている。東御座と西御座は通過する際に神輿を止めて拝礼がある程度だったので、古儀復興にあたって神社側が三基揃っての神事を提案されたのは誠に意義深いことである。

宮本組は八時前には堀川通を渡って三条通で行列を整え、奉饌祭を終えた役員が合流すると触れ太鼓を打ち鳴らして進発する。ここからは馬乗提灯に火を灯し、神宝捧持者の足元をもう一人が照らしながらの行列となる。この辺りは昔ながらの住民が多く、家々に子供からお年寄りまでが集まって賑やかに行列を迎えてくれる。なかには床几を出して西瓜にかぶりつき、子供が花火を楽しんでいるおうちもあり、家庭的でいかにも夏祭らしい風情が楽しい。三条衣棚では近年、巡行復活に向けて盛り上がる鷹山の囃子方が祇園囃子で神輿を奉迎しており、数年で見違えるほど上達した演奏に復興の機運を実感させてくれる。

三条通では行列を待ち構えている氏子が多く見られるが、寺町に入るとアーケードの商店街でもあり、木屋町の繁華街にも近く、偶然行列に出くわした観光客や酔客が目を白黒させて驚いているのが面白い。まれに「今日、何のお祭ですか？」と聞いてくる観光客もあり、まだまだ山鉾だけが祇園祭だと思っている人がいるんだなあ、と思わされる。

四条寺町で御旅所の東西御殿に一礼し、ご本社へと一路四条通を東に進む。四条大橋を渡り、祇園商店街のアーケードが見えてくると、ようやく地元に帰ってきた気分でほっとする。遅い時

又旅社の前に神輿を奉安して奉饌祭が執り行われる

間でもあり、十七日と違って四条通に一般の見物人の姿は少ないが、祇園町の住民たちが並んで出迎えてくれる。さすが祇園商店街は地元だけあってよく心得ており、神様のお渡りであるからとわざわざアーケードの照明を消して、薄暗く荘厳な空気をつくり出してくれている。

南楼門から境内に入り、舞殿を三周して本殿を拝礼し、ご神宝を本殿西ノ間にお納めする。神様のお供を終えた神宝組の役目はこれで終了。今なら不謹慎と叱られそうだが、以前は狩衣姿のままで先輩組員が声をかけてお店に誘い、冷たいビールで後輩をねぎらう光景が祇園中で見られたものだ。なかにはとっくに日付が変わっているのにいつまでも狩衣姿で飲んでいる人もあり、「あの人いつまでお供したはんのえ」と笑われたりしたが、行く先々では「縁起がいい」と歓待されたものだった。

還幸祭

八坂神社に帰着した宮本組役員は、西ノ間にご神宝を奉安し、神宝組の苦労をねぎらって送り出すと、再び本殿に昇殿して神輿の還御を待つ。三基の神輿が揃い次第、「お神霊遷し」の神事が執り行われ、十五日の「宵宮祭」とは逆に、祭を終えられた神様が神輿から本殿にお戻りになるのである。

神輿の還御は中御座が午後十時ごろ、東御座が十時半ごろ、西御座が十一時ごろの予定になっている。しかし、正確に時間を計って渡御しているわけではないので、時刻はかなりの幅で前後し、どちらかというと遅くなることが多いようだ。

神社に戻った神輿は舞殿を三周し、あるいは差し上げを披露し、あるいは鳴り鐶を響かせて、名残を惜しむように盛大に境内を練って回る。各神輿会の輿丁もくたくたに疲れているはずだが、不思議なほど意気が衰える気配は見えない。むしろ最高潮に向かって盛り上がっていくようで、何度見ても壮観である。掛け声のかけ方には神輿会でわずかに違いがあるが、三若式の手締めは「ヨーイトセーノ（三拍）、ヨーイトセーノ（三拍）、ヨーイトセーノ（三拍）」の三本締め。四若式は「ヨーサノ（三拍）、ヨーサノ（三拍）、ヨーサノ（三拍）」の三本締めで、最後に両手を前に上げて「ヨーッ」と締めくくりがつく。戦後に加わった錦神輿会は、四若式にならっているようだ。手締めをして舞殿の前に神輿を据え、轅を取り外して殿上に奉安すると、ハンドマイクの音頭取りが「オーキニ、オーキニ。ゴクローサン」と繰り返し、みんな安堵した表情になってそれぞれの町へと帰っていく。

境内の喧噪をよそに、本殿には参列者が端座し、神職が参進して滞りなく修祓が執り行われ、万全の態勢を整えて西御座の還御を待つ。西御座が舞殿に納まると、笏拍子の合図で境内の全ての明かりを消して「遷御の儀」となり、和琴の独奏のなか、内陣から現れた神職の一団が舞殿へと進んで、森宮司の手で神様が本殿にお戻りになる。

還幸祭の締めくくりにこの「お神霊遷し」があることは氏子の間では知られており、神輿渡御を拝んだ後、夜中の境内に集まってくる姿も多く見られる。時間的にも深夜に及ぶため、観光客の姿はほとんど見られないが、お座敷を終えた芸舞妓やお茶屋の女将さんの姿もあって、祇園町が一体となって神様のお帰りを感謝し、寿ぐような雰囲気を感じることができる。

狭義の「還幸祭」はこの神事をいうので、神輿渡御を含む一連の還幸祭の神事が二十四日と決まっている以上、当夜のうちに行われなければいけないことになっており、渡御が長引けば長引くほど、本殿にいる者はやきもきすることになる。平成三十年は、最後の西御座が舞殿に納まったのが午後十一時五十分。直ちに遷御の儀が執り行われ、何とか二十四日のうちに神様が本殿に戻られたが、祭典終了は日付をまたぐ結果となった。令和元年からは、三基の神輿が三条御供社に揃って神事を行い、並んで八坂神社へ還御するため、途中で多少の時間差は生じるにしても、西御座の到着も早くなり、これまでとは違った還幸祭風景になりそうだ。

七月二十五日

ご神宝片付け

洛中への渡御を無事終えた神輿は、二十八日の神輿洗まで改めて舞殿に奉安され、華やかな姿を拝することができる。一方、宮本組が捧持したご神宝は日をおくことなく片づけられる。近年は、還幸祭の祭典終了から半日も経たない二十五日朝九時から、元の神宝蔵に収納する作業が行われている。

本殿西の広場に莫蓙を広げ、ご神宝を一つ一つ点検して丁寧に箱に仕舞い、諸道具類も白布などに包んで蔵に運び込む。二十張ほどもある大きな朱傘が広げられ、並べて日なたに干されている風景は、なかなか鮮やかなものである。

壮麗な山鉾にも、晴れの巡行だけではなく、飾り付けや片付けなど表に見えない作業が多数あり、大工方や車方といった専門家を含め、保存会の氏子たちが自分たちでそれらを担っている。宮本組も同様に、準備や片付けも含めて祭のご奉仕なのである。

ご神宝を準備する蔵出しのときと違って片付けは、無事に渡御を終え、大きな山を越した安堵感から、気分は軽やかなものだ。軽口を叩きながらの作業も楽しく、不思議と疲れを感じることもない。

朝から作業をしていると、かつて祇園林と呼ばれた円山公園から盛んに蝉の鳴き声が聞こえて

ご神宝や諸道具が組員の手で一つ一つ点検され蔵に収納される

くる。いつの間にか、夏も盛りを迎えている。一日から続いてきた祇園祭も、無事終了まで後ひと頑張りである。

七月二十八日

神輿洗

二十八日には再び、神輿洗の神事が執り行われる。神事の次第は十日とまったく同じで、早朝から宮川堤祓所を清掃し、午前中に四条大橋から鴨川の水を汲み上げて神事用水清祓が行われ、夕刻に神輿洗の式がある。正式な呼び方ではないが、二度の本祭を前祭、後祭と呼ぶことにならって、氏子中ではこの日の神輿洗を指して「後の神輿洗」と呼ぶことが慣例化している。

十日は西石垣町の「ちもと」で菊水鉾の囃子方が奉納演奏をされるが、この日は南楼門前の「二軒茶屋中村楼」で神輿のお帰りを迎えて演奏しておられる。小学校四年のときから菊水鉾の囃子方に加えていただいている息子はどうもそちらが気になるらしく、神事の後に挨拶に行って紋付袴のまま鉦を叩かせてもらったり、年によってはご奉仕を休んで囃子のほうに参加したりと、存分に祭を満喫しているようだ。

平成三十年のこの日は台風十二号が京都に接近し、午前中の「お水汲み」は予定どおり執り行われたが、暴風警報の発令を受けて、四条大橋での神輿洗式は中止された。ご神水は八坂神社に運ばれ、舞殿の前で神輿を清める「居祭《いまつり》」という異例の形での神輿洗となった。

上：西の空が夕焼け色に染まるなか名残を惜しむように「差し回し」が続けられた。下：本殿の前で差し上げられる中御座神輿

神職に伺うと、神社での神輿洗は昭和二十二（一九四七）年以来七十一年ぶりとのこと。しかしこのときはそもそも、戦争により中断されていた祇園祭が四年ぶりに復活した年のことである。昭和四十三（一九六八）年には台風のため、時間を繰り上げて実施したことがあるようだが、天候による居祭はおそらく初めてだという。

居祭を決断した平成三十年も、午後から風はあったが、雨が降り出したのは結果的に夜半だった。七月上旬には西日本豪雨で甚大な被害が出ており、気象台も注意喚起の意味で、早めの警報に踏み切ったのかもしれない。雲行をにらみながらの判断で、後に森宮司は「断腸の思いだった」と吐露された。宮本組としては常に「槍が降っても勤める心意気」だが、何かあったときの責任追及が激しい時世を考えれば、やむを得ない経緯だっただろう。

神職が潔斎する斎館の前に祭壇を設けて神用水の桶が据えられ、午後六時から通常どおり、本殿で神輿洗奉告祭が営まれた。風に飛ばされないよう、宮本組参集所のテントも畳まれていたが、台風はどこへ行ったのか、神事が始まるころには赤々と夕陽が射してきたのが皮肉だった。

奉告祭の神事の最中、四若神輿会の輿丁たちが境内に集まり、盛大に声をかけ合いながら、舞殿に据えられた神輿を順に神輿庫に運び込む。中御座の神輿は通常、南楼門の外に据えて神輿洗に備えるが、この年は舞殿の前で轅を取りつけ、舞殿の周りを三周した。消化不良になった意気込みをぶつけるように男たちの掛け声が境内に響き渡り、勇壮で華やかな神輿ぶりだった。雨風もないのに居祭というのは残念ではあったが、地元の氏子も大勢境内に集まって手拍子を打ち、気持ちが一体化した和やかな雰囲気は誠に心地よく、たまにはこういうことがあってもいいのか

上：南楼門に大提灯を据えて居並ぶ宮本組。平成30年の後の神輿洗は暴風警報が発令され、異例の「居祭」で執り行われた。下：神輿洗を終えて本殿での宮本組の参拝の儀

な、と思ったりした。

宮本組は南楼門に大提灯を引き据え、高張提灯を掲げて、石段に整列して神事を見守った。鴨川の水で神輿を清めた後、夕焼色に染まる空の下で、名残を惜しむように四若の若衆たちがいつまでも神輿を練っていたのが印象的だった。

七月二十九日

神事済奉告祭

祇園祭の主たる神事は、二十八日の神輿洗で終了である。二十九日には本殿で神事済奉告祭《しんじすみほうこくさい》が執り行われ、神様に祇園祭の神事が無事に終了したことが奉告される。

一日の吉符入と同様に本殿東側のご神庭に面した落縁で、高欄越しに巫女さんのご奉仕で手水を使い、午後四時から神事が始まる。吉符入は宮本組一身の行事のため久野権宮司がご奉仕されるが、神事済奉告祭は祇園祭全体の行事のため森宮司が自ら斎主を務められる。修祓、宮司一拝、献饌と進んで祝詞奏上となる。

芸能ではないので不適切な感想かもしれないが、森宮司の祝詞は最初、静かな低音で「掛けまくも畏き八坂皇大神の大前に、恐み恐みも白さく」と荘重に始まり、次第に発声が明らかに、調子も高くなっていくのが特徴的だ。自然と参列者の耳目が集まり、気分も高揚していく、一種の陶酔感がある。

黒半纏姿で神事済奉告祭に参列する宮本組

神輿洗奉告祭には氏子各地域を代表する清々講社幹事が、宵宮祭や神幸祭、還幸祭ではさらに神社総代や責任役員、山鉾連合会代表、三社神輿会代表、弥栄雅楽会会長らも参列するが、締めくくりの神事済奉告祭には宮本組だけが参列する習いとなっており、地元の氏子と神社の関わりの深さを感じさせる。平成三十年は、宮本組の先代組頭である今西知夫清々講社幹事長も参列したが、「私は現役組員じゃないから」と遠慮して末席に座り、幹事長としての拝礼は行わなかった。神事の期間が終わっているため、宮本組の服装は紋付袴ではなく平服で、近年は黒半纏を重ねるのが恒例になりつつある。一日の吉符入と同様、背広より着物姿が多いのが祇園らしいところだろう。

直会

神事済奉告祭で神様に祇園祭の神事終了を奉告した後、夕刻から八坂神社常磐新殿で、宮本組の直会が開かれる。直会とは神前に供えた神饌やお神酒を、お下がりとして参列者一同でいただくことを意味し、転じて神事の後の祝宴の意でも使われる。京都では俗に「足洗い」と呼ばれる、打ち上げの宴会である。この時期、それぞれの山鉾町や神輿会など、祭にご奉仕した団体ごとに、街中で同様の祝宴が開かれている。

息子がお世話になっている菊水鉾囃子方の直会は、毎年八月初めに「からすま京都ホテル」の宴会場で開かれており、先輩が後輩の面倒を見、子供たちは子供たちで上手に遊ばせてくれるから、親も安心して送り出すことができる。息子も小学生のころは、友達同士で騒ぎ、ビュッフェ料理をお腹いっぱいに食べるのを楽しみに参加していた。聞いているとどの団体でも有名ホテルや料亭が会場であり、「祭は豪勢に」という町衆の心意気が感じられるようにも思える。

宮本組の場合、私が入った約三十年前の直会は、下木屋町（繁華街としての木屋町の中心は三条から四条の間で、三条より北を上木屋町、四条より南を下木屋町と俗称する）にあった料亭「松華楼」の川床が恒例だった。その後一時期、「京都ホテル」（現在の「京都ホテルオークラ」）の宴会場に移り、先代の今西組頭のときに、神社の結婚式場として落成していた常磐新殿に定着した。神社内で直会を開くのも、森宮司以下の神職や弥栄雅楽会の先生方が来賓として列席されるのも、宮本組ならではのことである。

平成三十年の直会では、森宮司が冒頭の挨拶で、貞観十一（八六九）年から千百五十年を迎え、

常磐新殿で開かれる直会でにこやかに挨拶する原組頭

御代替わりのあと最初となる翌年の祭で、「神輿のお祭を本来の形に戻す」決意を力強く語られた。原組頭は「いつもこの日は、祭が終わってほっとした気持ちと寂しさが入り交じる」とにこやかな笑顔を見せ、「今日はゆっくりお酒を楽しんで、明日からまた来年の祭に向けて気持ちを新たにしてほしい」と訓示した。

原組頭は毎年、「無礼講ではない」と釘を刺しているが、「祭の後」の解放感から少々羽目を外した騒ぎは大目に見られている。森宮司もかつては白衣に袴姿で臨席されたが、近年は羽織に着流しの寛いだ装いに着替えてお越しになっており、格式ばらない席だというかたちでお目こぼししていただいているように感じる。

組ではこの日のために、森宮司のご染筆で「神」と蒔絵の施された一升入りの大杯が用

一升入りの大杯

意されており、宴たけなわ、数人ごとにお神酒を回し飲みするのが恒例になっている。酒が弱くては務まらない豪快過ぎる風習だが、「一味神水」のような団結感が感じられて、私は好きだ。土地柄、花を添えている祇園甲部の芸舞妓さんが黄色い声で囃し立て、なかには率先して参戦する者もいる。私も毎年、飲んでも飲んでも減らない杯を傾けながら、胸に募る安堵と寂寥を飲み干している。

七月三十一日

疫神社夏越祭

三十一日午前十時には、八坂神社境内の摂社、疫神社で「夏越祭」が執り行われる。蘇民将来説話にあやかる神事で、石鳥居に大茅輪《ちのわ》が設けられ、粟餅を供えて神事が営まれた後、参列者が次々に茅輪をくぐって無病息災を祈る。別に用意された茅萱《ちがや》を持ち帰り、神社からいただいた「捻り守」をつけて小さな茅輪をつくると、疫病除けのお守になるとされている。一日の吉符入から一か月にわたって繰り広げられてきた祇園祭は、これをもって大団円となる。

疫神社の前にはこの日、参列者の席として大型のテントが特設され、神社総代や清々講社、山鉾連合会、三社神輿会など、祇園祭に奉仕してきた各氏子団体代表の姿が見られる。宮本組も原組頭以下、役員を中心に黒半纏姿で参列する。いずれも大きな祭を終えた安堵感で、和気藹々とした雰囲気だ。世界遺産だ、文化財だといわれ、何十万人もの観光客が詰めかける祇園祭の締めくくりが小さな摂社のお祭だというのも面白いが、背景には壮大な物語がある。

疫神社の祭神は、蘇民将来である。『備後国風土記逸文』によると、北の海におられた武塔神が、南海の神の娘への求婚の旅の途中、備後国で日が暮れ宿を乞うたところ、裕福な弟の巨旦将来は断ったが、貧しい兄の蘇民将来は快く泊め、粟殻で座をつくり、粟飯を炊いてもてなした。後年、八人の御子を率いて帰る際に立ち寄られた武塔神は、先年のお返しをしよう、と仰って、家族の者の腰に茅輪をつけさせるよう命じられた。するとその夜のうちにほかの者は疫病で死に滅びたが、蘇民の一家だけは生き残った。神は「吾は速須佐雄《はやすさのお》の神なり。後の世に疾気《えやみ》あらば、汝、蘇民将来の子孫と云て、茅輪を以ちて腰に着けたる人は免れなむ」と仰せられたという。

これは備後の「疫隅《えのくま》の国つ社」の縁起として記されているもので、広島県福山市にあり、かつては江熊《えのくま》祇園牛頭天王社と称した備後国一宮、素盞鳴神社にあたるとも、同社の摂社である蘇民神社、疱瘡神社にあたるともされている。

素盞鳴神社の社伝では、天武天皇の御代に創建され、その後吉備真備が遣唐使から帰朝した際にこれを播磨の広峯（兵庫県姫路市の広峯神社）に勧請したとする。その広峯神社の南北朝時代成立とみられる社伝『峯相記』では、吉備真備が帰朝の際にこの地で神威を感じ、聖武天皇に奏請して天平五（七三三）年に社殿を建て牛頭天王を創祀したもので、その後平安京ができたときに東方守護のため祇園に勧請した、と伝えている。また、室町時代の『二十二社註式』には「牛頭天王は初め播磨国明石の浦に垂迹し、広峯に移り、その後北白川の東光寺に移り、陽成天皇の元慶年中に感神院に移る」とあり、八坂神社の由緒に関わる伝説である。

八坂神社の創祀については諸説あって次章で検討するが、広峯遷座説は中世に広峯側で主張しはじめたもので少々眉唾くさい。しかし、いずれにせよ現在の八坂神社の地、山城国愛宕郡八坂郷には古くから渡来人である八坂氏が祀ってきた神があり、記紀神話の特定の神に比定されない「天神」などと称されていたものが、平安時代初期ごろには牛頭天王とも、素戔嗚尊ともされるようになり、それが『備後国風土記逸文』に語られる蘇民将来説話と結びついたために、「疫神」として信仰される祇園信仰、天王信仰が起こったものと考えられる。簡単にいうと、蘇民将来説話こそが平安時代に始まった祇園祭の原点である、ということだ。

祇園祭で粽（茅巻）がお守とされるのも、これが起源であり、笹を巻いた本体部分よりも、巻き締めている茅萱のほうに意味があるのだという。つまり、茅萱を目印に、蘇民将来の子孫を名乗ることで、神様に災厄から護っていただこうというおまじないである。夏越祭で授与される捻り守は、祇園祭で宮本組が用いるものと同じで、「蘇民将来子孫也」と書かれた紙片の端を紙縒りにしたものだ。宮本組に限らず、祇園祭に奉仕する氏子はいずれも、これをつけた榊の枝を身につける習いとなっている。

今も全国の神社で、夏越祓、水無月祓などと称して六月三十日に茅輪くぐりが行われるのは、これが起源である。祇園祭も元々旧暦六月に行われ、暑さで疫病が流行する時期に、守護を祈念する神事だ。本来なら一摂社の例祭に過ぎない疫神社の夏越祭が、祇園祭の起源を示す神事とし

疫神社で執り行われる夏越祭

て重視されるのもそれゆえであり、祇園祭が京都の地域的な祭にとどまらず、全国的な広がりをみせたきっかけ、とも考えることができる。

摂社の祭礼では異例のことだが、神事では森宮司が自ら斎主を務めて祝詞を奏上され、氏子各団体の代表が茅輪をくぐって神前に玉串を捧げ拝礼する。宮本組は原組頭の参進に合わせて起立し、拝礼する。代表者の拝礼が終わると、参列者がぞろぞろと茅輪をくぐり抜けて拝礼し、一般参拝客もこれに続いている。茅輪をくぐるのは身についた穢れを取り祓ってもらう意味で、各地の神社では茅輪から茅萱を抜き取ってかえる人がいるが、穢れを吸い取った茅萱はお守としてはよろしくないそうだ。八坂神社では社殿の先に小柴垣のようにして茅萱が立て並べてあり、これを一本ずついただいて帰ることになっている。

一か月間のご奉仕を終え、二日前には直会も済ませているので、この日はお祭気分も消え、宮本組の面々もみんな穏やかな表情で参列している。しかし、帰宅して茅萱を水につけ、苦労して輪をつくりながら思うのはいつも、「今年のお祭も終わったなあ」という感慨ではなく、「十一か月後にはまたお祭が始まるなあ」という静かな意気込みのようなものである。これはその後も折に触れて感じることで、一か月にわたって神様にご奉仕させていただいた熱意が、余熱となって体の芯にくすぶり続けているからに違いないと思っている。

第三章　祇園祭の起源と変遷

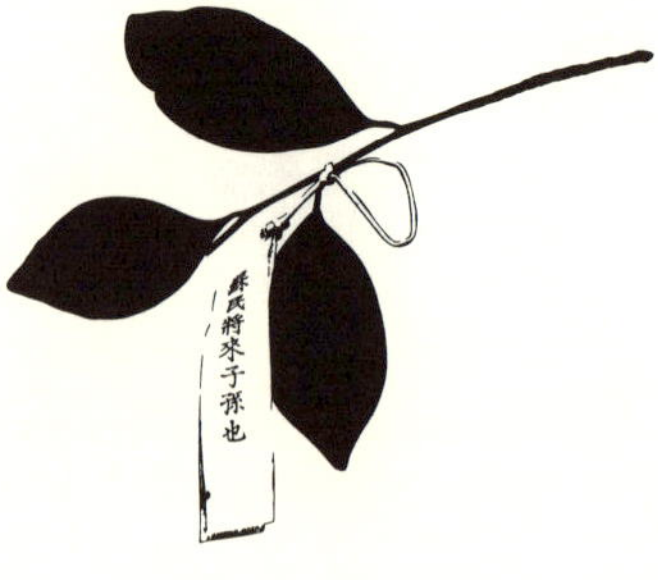
蘇民将来子孫也

祇園町の形成

私たちの生まれた祇園町は、八坂神社の門前町として発展してきた。八坂神社はかつて感神院祇園社と称し、山城国愛宕郡八坂郷に鎮座した神社である。

飛鳥や奈良など大和国に都があったころ、山城国は「山背」と書かれ、都から見て山の背後にある国であった。現在の京都盆地は太古の昔、巨大な湖の底だったとされるが次第に水が引け、各地に池沼が残り、四方八方から南に向けて川が流れる湿地帯で、太秦を本拠として現在も残る広隆寺を築いた渡来系氏族の雄である秦氏をはじめ、上賀茂・下鴨神社に由来をとどめる賀茂氏、桓武天皇の母、高野新笠の母方にあたる乙訓の土師氏などの古代氏族が、山裾の居住好適地に蟠踞していた。

現在の八坂神社がある東山山麓の一帯は、坂の多い地形から八坂と呼ばれ、古代氏族の八坂造が本拠とした。平安時代初期の弘仁六（八一五）年に編纂された『新撰姓氏録』には「山城国諸蕃」として「八坂造」の項があり、「狛国人の留川麻乃意利佐《るかまのおりさ》より出づ」とある。養老四（七二〇）年成立の『日本書紀』斉明天皇二（六五六）年八月条には、高麗の進調使来朝の記事があり、大使達沙《たつさ》、副使伊利之《いりし》の名が見える。狛も高麗もいずれも「こま」と訓読され、当時の高句麗のことである。この伊利之がすなわち意利佐とみられ、八坂神社の社伝『八坂郷鎮座大神之記』では、調進副使伊利之使主《いりしおみ》がこの来朝時に朝廷から愛宕郡八坂郷の地と八坂造の姓を賜ったとし、八坂氏の祖となったと伝えている。

実際に調進副使の伊利之がこの地に定住したのかどうかはともかく、天平四（七三二）年の『山背国愛宕郡計帳』に八坂馬養造鯖売、『続日本紀』天平神護元（七六五）年十一月条に八坂造吉日の名が見られることから、奈良時代にはすでに八坂造と称する古代氏族が存在したことは明らかだ。八坂の塔のある法観寺は初め八坂寺と称した八坂氏の氏寺だが、崇峻天皇二（五八九）年、聖徳太子の創建と伝えられ、付近には二、三の古墳もあって、これを裏づけている。社名や祭神はともかくとして、朝鮮半島から渡来した八坂氏がこの地に住んだ飛鳥・奈良時代の時点で、何らかの祭祀を行い、なにがしかの神を祀っていたことは確かだろう。

八坂氏の祀った神はやがて祇園社となり、平安時代末には鴨川の四条に架橋されたことから、その西側の門前にあたる祇園の地は中世以前から市街化したが、そのまま近世に続いたのではなく、応仁の乱の後には一寒村と化していたとされ、例えば戦国時代の景観を写した各種の洛中洛外図には、さしたる町並みが描かれていない。豊臣秀吉による天正十九（一五九一）年の御土居建造では四条通の祇園口が閉鎖されたが、三条と五条には公儀橋が架けられ、鴨東の地では粟田口から東海道につながる三条の三条川東、伏見街道につながる五条以南の大仏廻が近世初頭から発展したのに対し、四条の東には愛宕郡祇園村と称する村落があって田畑が広がり、わずかに農夫らが祇園社参詣の客を当て込んだ茶店を営んでいた。

祇園口が十年後の慶長六（一六〇一）年に御土居を切り崩して再興されると、市街化が再開され、四条河原には水茶屋や芝居小屋が建ち並ぶようになった。出雲阿国の一座による歌舞伎踊が始まったのもこのころである。寛永年間（一六二四―四四年）には京都所司代板倉重宗により、祇園、八坂、北野、清水の茶店に茶立女《ちゃだておんな》を置くことが許可されており、祇園社門前は茶店で茶立女、茶汲女が酒や歌舞を供する遊興の地となっていく。

寛永十一（一六三四）年には鴨東の二条以南、五条以北の一帯が、洛中の町に準じる「洛外町続《ちょうつづ》き町《ちょう》」と称して地子赦免地となっており、寛永年間の地図には「ぎおん丁」の記載が見られる。このころから村落だった祇園村が、洛中に準じる町として祇園町と呼ばれるようになったものだ。

寛文五（一六六五）年には祇園での茶屋営業が許可されて、四条に面した祇園町北側、祇園町南側と、祇園社南門前の清井町などに水茶屋が建ち並び、寛文六（一六六六）年には四条縄手付近に水茶屋が集められたとの記録がある。

八坂神社の文書にも、元和年間（一六一五―二四年）から「茶屋衆」といった記載が見られるというから、江戸時代初期から祇園社周辺にこうした氏子町が出現していたことは明らかだが、現在につながる祇園花街形成の直接的な契機は、寛文十（一六七〇）年に鴨川の東西に石垣を積んで川幅を限定した「寛文新堤」の完成により、それまで河川敷だった鴨川東岸の地が市街地化されたことにある。

鴨川の堤（縄手）に沿って町が形成されたため、今でも大和大路通の四条以北を「縄手通」と俗称するが、この前後に縄手に沿って弁財天町、常盤町、廿軒町（後に廿一軒町）が開かれ、鴨川西岸にあった芝居小屋が移されて芝居町として公許された四条河原の中之町、川端町、宮川筋一丁目（東石垣町《とうせき》）と合わせて「祇園外六町」と呼ばれる茶屋街が形成されていった。

次いで正徳三（一七一三）年には、祇園町北側のさらに北の畑地が造成されて七筋の新道が設けられ、元吉町、橋本町、林下町《りんか》、末吉町《すえよし》、清本町、富永町の「祇園内六町」が開かれて「祇園新地」が形成された。

なお、寛文新堤によって、鴨川の西岸には先斗町《ぽんと》が開かれ、東岸では芝居町の延長として、宮川筋に沿って形成された茶屋街が宝暦元（一七五一）年に公許されて宮川町となった。現在の京都五花街のうち、北野天満宮門前の上七軒を除いて、祇園甲部、祇園東、先斗町、宮川町の四つがいずれも八坂神社の氏子町であるのは、祇園社がそれだけ多くの参詣客を集める神社であったことと同時に、寛文新堤によって江戸時代前期の京都に、一大アミューズメントパークが形成されたことを物語っているといっても過言ではないだろう。その後明治維新にともなって、慶応四（一八六八）年七月に洛外町続き町が洛中に編入されており、祇園町は三条川東や知恩院門前の諸町とともに、京都府下の下京二十四番組となった。

第一章で触れたように、洛中の各町は中世以降、碁盤の目状に区画された通りの両側の家々で構成する「両側町」として構成されてきた。簡単にいうなら、一つの交差点から次の交差点に至る道の両側が、一つの町になっていたわけである。室町時代半ば、応仁の乱（一四六七―七七年）と天文法華の乱（一五三六年）による二度の戦火に焼かれた洛中は、再建とともに町衆による自治を強め、いくつかの町が集まって「町組」を結成し、各町の町年寄から互選された代表者によって運営されるようになった。史料上は天文法華の乱からの復興後に、上京、下京にそれぞれ五組が成立したことが確認される。

戦災の後、上京と下京は領域を縮小し、それぞれ「惣構え」と呼ばれた堀に囲まれるかたちで別々に二つの市街地を形成し、室町通一本でつながっているという状態になったが、次第に周辺に新たな町が開発されて広がっていく。江戸時代初期には、二条通を境に二つの京域が接するようになり、上京は十二組、下京は八組に再編されている。

明治維新で成立した京都府は、慶応四（一八六八）年七月に第一次町組改正を指示し、八月二十五日までに、二条を境界として上京は四十五組、下京は四十一組に再編された。先述のとおり、この時点で祇園町も下京に編入されたわけである。

しかし町衆に改正が委ねられ、江戸時代の町組を基礎として再編されたために、小さな町組は五、六か町で構成されていたが、大きな町組は三十四、五か町が集まるなど規模にばらつきがあり、飛地や散在地があるなど、自治組織の近代化としては不十分な結果であった。さらに町組ごとの小学校開設を視野に、翌明治二（一八六九）年一月に第二次町組改正が布告され、ひと組あたり平均二十五か町、三条通を境に上京は三十三組、下京は三十二組の町組が誕生した。

早速、五月二十一日に上京二十七番組小学校（後の柳池小学校）が開校式を行ったのをはじめ、同年中に六十四の「番組小学校」が創立されている（二つの町組で一校を協立したところが二か所ある）。政府による学制公布は明治五（一八七二）年であり、これに三年先行した日本最初の学区制小学校である。小学校建設資金は町組内の各戸に割り当てられた「竈金《かまどきん》」で賄われ、小学校が各町組の会所を兼ねる自治拠点となった。

祇園町はこのとき、江戸時代からの町会所を転用して単独で小学校を創立したことを契機に、下京二十四番組から分離独立して下京三十三番組を称することとなり、明治五年五月の市区改正で下京十五区となった。余談ながら、下京三十三番組小学校（後の弥栄小学校）は、開校式は七月二十二日だったが、三月十日からいち早く授業を開始しており、見方によってはこちらが最古の小学校ということもできる。

この時期には、新政府の上知令により収公された建仁寺領の一部が祇園町南側に、江戸時代に禁裏火消を務めた近江膳所藩本多家の屋敷跡が祇園町北側に編入されて町域が拡大している。寺社境内地は江戸時代には朱印地として村や町には属さなかったが、八坂神社境内は祇園町北側に、知恩院境内は林下町に含まれることとなり、かつて真葛が原や祇園林と呼ばれた現在の円山公園周辺も明治十（一八七七）年に下京十五区に入ったため、現在の弥栄学区は元来の祇園町とこれらの地域で構成されている。

下京十五区はその後、明治十二（一八七九）年三月の郡区町村編制法により成立した京都府下京区の十五組となり、続いて明治二十二（一八八九）年四月の京都市制実施を受け、明治二十五（一八九二）年七月の区会条例により小学校運営を担う行政組織としての下京十五学区という位置づけになった。昭和四（一九二九）年四月に学校名を冠する弥栄学区に改称されている。

戦時中の国民学校令で、学校の設置者は市町村とされたため、存立基盤を失った学区制度は昭和十七（一九四二）年四月に廃止されたが、町内会連合会、自治連合会の形で住民自治の単位として存続し、現在に至っている。戦後の学制改革により一部の小学校が新制中学に転用され、平成に入って市内の小中学校の大規模な統廃合が行われたため、現在の京都で「学区」と呼ばれるエリアは、「校区」と呼ばれる小学校の通学区域とは多くの場合で一致しない。

制度としての学区は七十年以上前に廃止されており、公的には元学区と呼ばれてきたが、近年は下京区の旧開智小学校に開設された「京都市学校歴史博物館」で研究・展示されるなど、全国に先駆けてつくられた番組小学校の設置基盤として再評価が進み、京都市も公式に「学区」の称を使うようになっている。

八坂神社の由緒

八坂神社の創祀については諸説あるが、神社では社伝により、斉明天皇二(六五六)年八月、高麗より来朝した調進副使伊利之使主が新羅国牛頭山に座す素戔嗚尊を遷し奉り、山城国愛宕郡八坂郷に奉斎したことに始まるとしている。

これは明治三(一八七〇)年、当時の祠官建内繁継が編纂した『八坂社旧記集録』に引く『八坂郷鎮座大神之記』によるもので、この文書は繁継の家に伝えられたものとされている。

一方で、鎌倉時代の社務執行晴顕による『社家条々記録』などには貞観十八(八七六)年、南都の円如上人の建立と記され、明治まで一般にはこれが通説とされてきた。

神社の創祀は、貞観十一(八六九)年に始まったとされる祇園祭の歴史にも関わってくる。以下、創祀の時期が古い順に、諸説を紹介して検討してみたい。

斉明天皇二年説

時期が最も古いのは斉明天皇二（六五六）年八月とする説で、承暦三（一〇七九）年の記録とする『八坂郷鎮座大神之記』による。

先述のとおり、この年に高麗より来朝した調進副使伊利之使主が新羅国牛頭山に座す素戔嗚尊を遷し奉り、朝廷より山城国愛宕郡八坂郷の地と、八坂造の姓を賜ったとし、十一年後の天智天皇六（六六七）年に社号を感神院として社殿を造営したとする。牛頭山に座したこの神を牛頭天王と称して、祭祀を執り行うようになったというものである。

前項の最初でも触れたが、『日本書紀』斉明天皇二年八月条に、高麗の進調使として大使達沙、副使伊利之ら八十一人が遣わされたとあり、『新撰姓氏録』には山城国諸蕃として「八坂造、狛国人の留川麻乃意利佐より出づ」とある。一方、『日本書紀』巻第一には、高天原を追放された素戔嗚尊が「其の子五十猛神を帥《ひき》いて新羅国に降到《あまくだ》りまして、曾尸茂梨《そしもり》の処に居《ま》します」と記されている。

『八坂郷鎮座大神之記』の記述は、これらの記録から、伊利之が八坂造となってこの地に住んだ際、祖国で祀っていた神を奉斎し、その神が新羅に天下った素戔嗚尊だと結論づけたものだと思われる。

天智天皇五年説

文久三（一八六三）年の松浦道輔『感神院牛頭天王考』は、感神院の祭神素戔嗚尊を牛頭天王と称する理由として先掲の『日本書紀』の素戔嗚尊新羅降臨の記事を挙げ、「ソシモリ」とは朝鮮語で「牛頭」、「牛首」を指すと指摘し、楽浪のソシモリ山がその地であるとしている。

そして天智天皇五（六六六）年十月に任那国加良人の乙相奄鄒《いつあむす》という者が高麗の進調大使として来朝し、牛頭山天王の神祠を八坂郷に建て、これを感神院と号した、その子孫が八坂造ほか十一家であるとする。また延長四（九二六）年六月、山階《やましな》寺の修行という僧がこの神祠の左方に八王子社を建ててこれを祇園社と称したが、延久二（一〇七〇）年十月、感神院が焼亡した後これらを合わせ祀り、祇園が感神院三座の総名になったという説明である。

『日本書紀』天智天皇五年十月条には、たしかに高麗の進調大使乙相奄鄒が来朝した記事があるが、当時朝鮮半島からの使者は毎年のように来朝しており、これを八坂造の祖と考えた経緯はよく分からず、天智天皇五年創祀説に十分な根拠があるとは思えない。

一方でこの説が画期的なのは、『日本書紀』に見える新羅の「曽尸茂梨」を、現地の言葉で「牛頭」を指すとして、素戔嗚尊と牛頭天王が習合された理由を説明しているところである。また、当時通説とされてきた貞観年間創祀説を否定し、それ以前から八坂郷に、渡来氏族の祀る神祠があったことを指摘している点でも注目される。

韓国の江原道春川には牛頭山と称する山があることが知られているが、韓国ではこのほか各地に「牛頭」という名の山や島があるという。現在も春川の牛頭山は韓国の占師らが霊力を高めるために訪れる聖なる山だといい、山頂には古墳があり、また一六四六年創建の「朝陽楼」という祭祀が行われた楼閣があって文化財に指定されている。日本統治時代には同地に天照大神を祀る江原神社が創建されたが、『日本書紀』による新羅降臨の地と比定して素戔嗚尊も祀られていた。一四八四年に成立した李氏朝鮮の歴史書『東国通鑑』では、朝鮮建国の神を檀木の下に天下った檀君であるとしている。水戸光圀が日本でこれを翻刻した際、儒学者の林春斎(鵞峰)がその序で、檀君は素戔嗚尊であると説き、江戸時代の日本では広く知られていたようだ。松浦の説はこれを下敷きにしたものとも考えられる。

貞観十一年説

寛文九(一六六九)年ごろ成立とみられる社記『祇園社本縁雑録』には、「清和天皇の貞観十一年、天下大疫の時、勅して八坂郷に疫神を祭り護王地社と号す」とあって、貞観十一(八六九)年創祀を説いている。同書は続けて「その後天下静謐の神験に感じて、同十八年、摂家の御先祖の昭宣公が勅を奉じて紫宸殿の旧殿を以て当所に遷し、殿舎と為し、神体を遷座せしむ。今の神殿なり。同時にまた勅有りて祇園の号を授けられると云々」と奉斎の経緯と「祇園社」の名の起こりを解説する。

また、寛文十(一六七〇)年ごろの成立とみられる『祇園本縁雑実記』でも、「清和天皇の御宇貞観十一年三月下旬、神託に依って社を建つ。山階寺の僧、伝灯大法師円如、勅を奉じて勧請すと云々」と同様の由緒が語られる。同書では続いて「貞観十一年天下大疫の時」に祇園御霊会が始まった、と祇園祭の起源にも触れている。

昭宣公とは時の摂政右大臣藤原基経であり、山階寺とは興福寺の異称である。

この両書は江戸時代、鴨川に寛文新堤が築かれて祇園新地が開かれ、祇園社が注目された時期に作成されており、祇園社の「本縁」を明らかにするという、同じ目的で編纂された文書と考えられる。特に『祇園社本縁雑録』は各種の先行史料から祇園社に関わる記載を抄出したもので、江戸時代前期に祇園社の縁起がどう伝えられていたかがよく分かる。「二十二社次第の説」として次項の貞観十八年創祀説にも言及しており、研究書としての信用性を認め得る文書である。

また、久保田収『八坂神社の研究』によると、神宮文庫に貞享元（一六八四）年記とみられる『祇園社記』の一書があり、貞観十一年勧請、十八年官幣開始の旨が書かれているという。

明治までは貞観十八年説が通説とされてきたわけだが、宝暦七（一七五七）年刊行の『祇園会細記』には「貞観十一年、花京の東に鎮座し給ひ」とあって、寛文年間の研究成果が影響を与えていたことが推察される。

当時の通説とみられる十八年説ではなく、「十一年」とした理由は明確ではない。あるいは現在失われている史料にそうした記述があったのかもしれないが、両書はともに「貞観十一年天下大疫の時」と「天下大疫」を強調している点が共通している。たしかにこの年は、貞観地震とそれにともなう大津波が起こり、新羅の海賊が九州に来寇し、肥後国を大水害が襲い、疫病や旱魃にも見舞われた未曾有の大疫の年と伝えられており（『日本紀略』）、これが祇園社創祀や祇園御霊会発祥の契機になった、と捉えた可能性は考えられるだろう。

貞観十八年説

元亨三（一三二三）年二月十日の日付がある祇園社務執行晴顕の自筆記案『社家条々記録』には「清和天皇の御宇、当社草創根元は、貞観十八年、南都円如上人が始めて之を建立す。別記にいわく、貞観十八年、南都円如まず堂宇を建立し、薬師千手等像を安置し奉る。則ちこの年夏六月十四日、天神が東山の麓、祇園林に垂迹しおわしませる」とあって、貞観十八（八七六）年の創祀とする。

同書には続けて、翌年の元慶元（八七七）年に疫病が流行した際に神祇官や陰陽寮で占ったところ、辰巳（東南）の方角の神の祟りと分かり、勅使を伊勢神宮に出し、次いで稲荷社にも派遣したが効果がなく、辰巳の方角の神を尋ねると祇園社のある由が分かったため、勅使を出し官幣を奉献したところ疫病が治まった、とあり、「天神の威験に感じ、昭宣公が台樹《だいしゃ》を壊して運び、数字の精舎を立て社壇と為し、天王、婆利女《はりめ》、八大王子等霊体を安置し奉らる」と鎮座の経緯を説いている。

文明元（一四六九）年に吉田神道の創始者、吉田兼倶（一四三五―一五一一年）が撰したとされる『二十二社註式』では、後述するように元慶年間創祀説を採っているが、承平五（九三五）年六月十三日に八坂の観慶寺を官寺に次ぐ寺格の定額寺とした太政官符を引用している。ここでは観慶寺の注として「祇園寺と字す」としたうえで、薬師像などを祀る三間の堂、天神、婆利女、八王子を祀る五間の神殿を、貞観年中に円如が建立したと綴り、「或はいわく」として「円如が託宣により、貞観十八年、山城国愛宕郡八坂郷の樹下に移し奉り、その後藤原昭宣公が威験に感じ、台宇を壊し運びて精舎を建立す。今の社壇是なり」と由緒を記している。

観慶寺とは、明治維新まで祇園社の境内にあり、ご祭神の本地仏である薬師如来を祀った薬師堂の古称である。貞観末年から元慶元年にかけて建立されたため、貞観の観と元慶の慶をとって「観慶寺」と名づけられたのではないか、とも推測されている。元は薬師堂を本堂として全体を観慶寺と称していたものが、次第に神殿のほうが主となり、感神院祇園社と称されるに至って主客が逆転し、薬師堂の異称として元の寺号が残った、とみられている。なお、感神院とは、『社家条々記録』にある基経の「感天神之威験」という逸話から名づけられたという説や、興福寺の円如上人が建立したため、藤原氏と関係の深い聖武天皇の尊号「勝宝感神聖武皇帝」から採ったという説、新羅の牛頭山を三韓時代には「カサンソイタルサン」と呼ぶようになっていたので、その音を宛てたという説（『八坂社旧記集録』）などさまざまあって定かではない。

前項と合わせ、貞観年間創祀説には、清和天皇の御宇、円如上人による建立、藤原基経による社殿寄進と共通点が多く、細部の違いを考慮に入れても、一定の真実があるように考えられる。なかでも重いのは朝廷の公文書である「太政官符」の記述であって、平安時代中期の承平五年時点で、祇園社と一体であった観慶寺の創建が貞観十八年であった、と考えられていたことは、ほぼ疑いの余地がない。これを承けて、鎌倉時代の社務執行が祇園社の創建をこの年と捉えて『社家条々記録』を記し、幕末に至るまで広くこれが通説として信じられるようになったものと考えて差し支えないだろう。

諸書によるとこの後、以下のように、祇園社が朝廷の篤い崇敬を受け、次第に有力社寺の列に加えられていく経緯が明らかである。

・天慶元（九三八）年の大地震の際に仁王経転読が行われた二十一社寺に感神院が含まれる（『本朝世紀』）。

・天慶五（九四二）年六月二十一日に平将門、藤原純友の反乱を平定した御報賽として祇園社に東遊と走馬十列が奉られる（『日本紀略』、『本朝世紀』）。

・天徳二（九五八）年五月十七日、疫病の流行により十四社寺に仁王経転読が命じられたなかに祇園感神院がある（『類聚符宣抄』）。

・康保三（九六六）年七月十日から三日間、疫病により諸寺で読経が行われた際、七大寺、延暦寺、東寺、西寺などと並んで祇園の名が見られる（『日本紀略』）。

・天延三（九七五）年六月十五日、前年に円融天皇が疱瘡にかかられた際に御願があり、その報賽としてこの年より走馬、勅楽、東遊、御幣を感神院に奉られ、祇園臨時祭が始まる（『日本紀略』）。

・長徳元（九九五）年二月二十五日、朝廷より奉幣の例に預かる二十二社の制に加えられる。

元慶年間説

前掲『二十二社註式』には、祇園社の項に「牛頭天王、初め播磨明石浦に垂迹し、広峯に移り、その後北白河東光寺に移る。その後人皇五十七代陽成院の元慶年中、感神院に移る」とある。元慶年間は八七七年から八八五年で、陽成天皇、光孝天皇の御代のことだ。しかし、この説も疑問点の多い説である。

寿永三（一一八四）年三月の『感神院所司解写』には「当社は是、鎮護国家の社壇、霊験殊勝の大神なり。いわゆる元慶の聖主、陽成院御宇の時より崇め奉らしめしより数百余歳」とあるが、これは創祀ではなく勅願を受けた旨を記すものだ。

また、元亨三年二月の『社家条々記録』には先掲のとおり、元慶元年に疫病が流行したため、神祇官や陰陽寮で占ったところ、辰巳の方角の神の祟りと分かり、勅使を伊勢神宮に出し、次いで稲荷社にも派遣したが効果がなく、辰巳の方角の神を尋ねたところ祇園社のある由が分かったため、勅使を出し官幣を奉献したところ疫病が治まった、とある。これもすでに奉斎されていた祇園社に、朝廷が奉幣したとの内容である。

『二十二社註式』に「元慶年中」とあるのは、こうした記録を祇園社の創祀と混同したものと考えられる。同書は先掲のとおり、承平五年の太政官符を引用して貞観年間の創祀にも触れているので、そもそも矛盾をはらんだ記述と考えざるを得ない。

広峯社を祇園の本社とする説は、『広峯神社文書』建保四（一二一六）年八月二十九日の関東御教書案に「播磨国広峯社は祇園本社云々」とあるのが最も古いが、祇園社の側ではこうした伝承は中世には見られず、鎌倉時代に広峯社の側で主張しはじめたものとみられている。広峯社は鎌倉時代末期の応長元（一三一一）年八月、伏見上皇の院宣によって祇園社に寄進されて祇園社務執行の知行となっており、室町時代後期までは祇園社の末社となっていた。こうした経緯から、広峯社側では祇園社への反発もあって広峯本社説を強調するようになったとも考えられ、これが吉田神道の採用するところとなって『二十二社註式』に取り入れられ、流布したものとみられる。

また、北白川東光寺は清和天皇の女御で、陽成天皇の母である藤原高子の御願によって、元慶二（八七八）年に建立された寺であるため、その後数年の間に再び祇園社に遷座したとするのも無理がある。

東光寺の鎮守であった牛頭天王社（東天王社）は、東光寺が廃寺となった応仁の乱の後も残り、現在も岡崎神社として左京区岡崎東天王町に鎮座している。同社の由緒では、平安京造営時の東方鎮守社を起源とするが、清和天皇が貞観十一年に社殿を造営し、播磨国広峯から祭神である牛頭天王を迎え祀ったとしている。これが事実であったとしたら、『二十二社註式』は東天王社への遷座を祇園社に付会したとも考えられる。

もっとも、これも東光寺建立前のことなので不自然ではあり、広峯社の主張が流布した後に、東天王社の由緒に取り入れられたとみるのが正解のように思える。

延長四年・承平四年説

平安時代後期成立とみられる『日本紀略』では、延長四（九二六）年六月二十六日に「祇園天神堂を供養し、修行なる僧建立す」とあって、この年に祇園社が建立されたとする。

また、鎌倉時代中期成立の『一代要記』には「承平四（九三四）年六月二十六日、修行なる者初めて祇園感神院社壇を建つ。或は五年と云う」とあり、鎌倉時代末期の『東寺長者補任』も同様に承平四年六月の建立としている。

年号は違うがともに四年六月二十六日で、同じ修行という僧による建立とされることから、『日本紀略』の記事がほかの二書には誤り伝えられたものとみられる。

しかし、関白太政大臣藤原忠平の日記『貞信公記』の延喜二十(九二〇)年閏六月二十三日の記事には「咳病を除く為、幣帛走馬を祇園に奉る」云々とあって、この時点で祇園社があったことは明らかであり、延長あるいは承平の創祀説とは相容れない。久保田収『八坂神社の研究』では、『日本紀略』の記事は修行が天神堂を建立供養したことを伝えるものであって祇園社の創祀を伝えるものではなく、これを引いた『一代要記』編者の思い込みで「初めて」という文字を加えたものと推論している。

前掲『感神院牛頭天王考』で、延長四年に修行が感神院の左方に八王子社を建て祇園社と称した、と説いているのは、『日本紀略』の記事を合理的に説明しようと試みた説とも考えることができる。

諸説から導き出される事実

これら六つの諸説を検討すると、ほぼ確かな事実として以下の七点が浮かび上がってくる。

- 斉明天皇二(六五六)年に、高麗から伊利之が来朝した。
- 天智天皇五(六六六)年には、高麗から乙相奄鄒が来朝した。
- 平安遷都以前から、愛宕郡八坂郷に高句麗系渡来氏族の八坂造が勢力を築いていた。
- 貞観十一(八六九)年あるいは十八(八七六)年に、現在の八坂神社の地に南都興福寺の円如上人が観慶寺を創建した。
・観慶寺創建の後、摂政藤原基経によって社殿が寄進された。
・元慶元（八七七）年あるいは元慶年間に、陽成天皇の勅願を受けるようになった。
・延長四（九二六）年または承平四（九三四）年に、修行という僧が神殿を建立した。

伊利之や乙相奄鄒が実際に八坂造の祖先であったかどうかはともかくとして、重要なのは平安時代以前、おそらくは朝鮮半島との交流が盛んであった飛鳥時代から、八坂郷の地に渡来氏族が定住していたとみられる点だろう。人の住む限り何らかの祭祀があり、神が祀られる。古代には神話に特定されない神を「天神」と称して祀った例が数多くあるが、八坂郷でも、八坂造が来朝前から高麗で祀っていた神なり、この地の地主神なりが奉斎されていたと考えるのが自然だ。

八坂造の本拠地は、現在の八坂神社より少し南の、高台寺から清水寺にかけての小高い傾斜地とみられるが、まさにその地に崇峻天皇二（五八九）年、聖徳太子の創建と伝える法観寺（八坂の塔）がある。後白河法皇撰『梁塵秘抄』所載の今様には「それを打過ぎて八坂寺、一段上りて見下ろせば、主典太夫の仁王堂、塔の下《もと》、天降末社《あまくだりすえやしろ》」と詠まれており、平安時代後期には法観寺の北辺に天神の社があったことが推測される。おそらくは法観寺と対をなす神社として、あるいは法観寺の創建以前から祭祀の場として、八坂造が祀ってきた神の社であっただろう。

この社は祇園社の末社とされ、巷社《ちまたやしろ》または牛王地社《ごおうじしゃ》と称して明治まで祇園社南門の南約一丁、祇園下河原に流れていた菊渓《きくたに》川の畔にあったことが『都名所図会』などに見える。その後八坂神社境内に移されて現在、本殿の西側に大年社《おおとししゃ》として鎮座しているが、一名「祇園古宮《こみや》」といい、元の所在地は「元祇園」と呼ばれて、今も七月十七日の神幸祭の初めに、南楼門を出た中御座、東御座の神輿が、この場所まで折り返し渡御する例となっている。つまり、古代には法観寺と対で祀られていた天神社がその後、現在地に遷座して祇園社となったもので、元の位置には末社を設けてとどめ祀ったという言い伝えだ。

ここで考えられるのは、貞観年間に円如が現在の八坂神社の地に観慶寺を建立した際、下河原に奉斎していた天神社を、寺地を護る鎮守として遷した、との推論である。直後の元慶元年に疫病が流行した際、この神の神威が注目され、基経が社殿を寄進して朝野の崇敬が高まった結果、鎮守社であった天神のほうが本社となり、本堂であった観慶寺薬師堂が神宮寺の立場へと逆転した結果、全体を感神院祇園社と称し、社僧が仕え、延暦寺の別院とされる、神社とも寺ともつかない神仏習合の存在が出現したものと考えることができる。

祇園の名の起こり

それでは、「祇園」の名はどこから起こったのだろうか。

一般に、ご祭神の素戔嗚尊は牛頭天王と習合され、牛頭天王が祇園精舎の守護神であることから祇園社と呼ばれるようになったとの説が知られている。しかし問題は、インドにも中国にも牛頭天王という神の伝承がなく、肝心の仏典に登場しない、日本独自の仏教神であるという点にある。むしろ、祇園社の名前が先にあって、そこに祀られた神が牛頭天王であったことから、牛頭天王が祇園精舎の守護神とされるに至った可能性が考えられるのではないか。

仏教説話にいう祇園精舎は、正式には祇樹給孤独園精舎《ぎじゅぎっこどくおんしょうじゃ》と称し、天竺五精舎の一つで、コーサラ国の都、舎衛城にあった寺院である。お釈迦様が在世中に説法を行われた場所で、現在の北インド、ウッタル・プラデーシュ州シュラーヴァスティー県に遺跡が残っている。説話では、この地にスダッタ（須達多）という長者がおり、身寄りのない者に食事を施したため「給孤独長者」と呼ばれていたが、釈迦の説法を聞いて帰依し、精舎の寄進を思い立った。国の王子ジェータ（祇陀）太子が所有していた祇樹園とも祇陀林とも呼ばれる園林が適地であり、須達長者が土地を買い取り、祇陀太子も樹木を寄進して精舎を建てたため、両者の名を取って祇樹給孤独園精舎と名づけられた、とされている。

久保田収『八坂神社の研究』では、藤原基経が神威に感じ、自邸の建物を移築して観慶寺に寄進したことに注目し、これを天竺の祇園精舎における須達長者と祇陀太子の喜捨になぞらえて、観慶寺を祇園寺と称するようになった、と推論している。「祇園」の名の起こりとして、誠に魅力的な説だといえるだろう。

ご祭神の比定

では、ご祭神が素戔嗚尊であり、牛頭天王であるとされるに至った経緯はどうだろう。

後世まで「祇園天神」の名がしばしば使われていることから考えても、飛鳥時代から八坂造がこの地に祀った神は、記紀神話に登場しない「天神」であったことが推定される。

現在の知恩院黒門前に、道路の真ん中に柵で囲われ、直径一・五メートルほどの岩石が露出し

舞殿に奉安された（左から）東御座、中御座、西御座の３基の神輿

ている一角がある。「瓜生《うりう》石」と呼ばれ、昔この石から一夜にして瓜が実り、「牛頭天王」の文字が浮かび上がったという伝説があって、祇園神垂迹の地と伝え、かつての感神院新宮である粟田神社の神輿が渡御する例となっている。高原美忠『八坂神社』は「瓜生は化生を誤り伝えたもので「みあれ」の意と考えられる。知恩院は華頂山というが、おそらく化生山を美しい字に変えたものであろう」と指摘している。古代に神の依代とされた磐座の一つとみられ、八坂一帯に広がっていた天神祭祀の遺構である。

八坂造の勢力地は八坂の地を中心に南北に広がっていたとみられ、現在も北には左京区岡崎、北白川、修学院周辺にかけて、粟田神社、大将軍神社、岡崎神社、須賀神社、八大神社、鷺森神社、南には清水から伏見にかけて地主神社、藤森神社、横大路・田中神社と、素戔嗚尊を奉祀する神社が点在している。あるいはこれらも、古代には八坂造の天神を祀ったもので、祇園社と同時期に素戔嗚尊や牛頭天王に比定されたものと考えることができる(粟田神社など、平安時代以降に奉斎した神社もある)。

祇園御霊会が起こる以前から、都の周囲や街道口で疫病の侵入を防ぐための疫神祭や道饗祭が開かれていたことを考えるなら、都の東辺に帯状に広がる天神社群が、東方からの疫病の侵入を防ぐ防疫神と考えられたことは想像に難くない。防疫神を記紀神話の神々に比定するとき、『備後国風土記逸文』の蘇民将来説話から武塔神すなわち素戔嗚尊が該当し、『日本書紀』の新羅降臨説からも、高句麗系渡来氏族の神にふさわしい、と考えられたのではないか。

これに牛頭天王の名が宛てられたのは、『日本書紀』にいう「ソシモリ」が朝鮮語で「牛頭」を意味することに発したものか、そもそも新羅の牛頭山に八坂造の崇敬神があったことによるものか。志賀剛『八坂神社の変遷と祇園会の源流』では、中国の農耕神であり、医療神である神農が「牛頭人身」の神とされていることや、朝鮮には牛の血を門に塗れば疫神が恐れて退散するとの信仰があったこと、ソシモリの神に供えた牛の頭が聖化した可能性などを挙げて、八坂造が祖国で祀っていた神のイメージが、牛頭天王の名の背景にあることを指摘している。

神仏習合による本地垂迹説では、天照大神が大日如来、八幡神が阿弥陀如来とされるように、垂迹する神と本地仏が対になっているのが通常だが、祇園の神は牛頭天王が素戔嗚尊として垂迹し、本地仏は薬師如来と三段構えになっていることも特徴的である。垂迹する神と本地仏の間に、神でも仏でもない存在として牛頭天王がいるというわけだ。

中世以降の蘇民将来説話は主人公を牛頭天王としているが、『備後国風土記逸文』には武塔神、素戔嗚尊の名が出てくるだけで、牛頭天王の名がないことにも注目すべきだろう。

これらを考え合わせると、初めに天神が防疫神として素戔嗚尊に比定され、その後牛頭天王の名が起こったという経緯を窺うことができる。牛頭天王の名が日本で起こったものだとするならば、八坂の天神が素戔嗚尊に比定されたときに、それまで八坂造が抱いてきた神のイメージを総合するかたちで牛頭天王という神が生み出された、ということがいえるのかもしれない。

祇園祭の発祥

現在の祇園祭にあたる「祇園御霊会」の発祥についても諸説ある。社伝によると貞観十一（八六九）年、天下大疫のときに神泉苑に神輿を送って始められたとしており、令和元（二〇一九）年で千百五十年を迎える計算となる。こちらも、諸説を古い順に紹介して検討してみよう。

貞観十一年説

八坂神社宮司を歴任した神宮﨟寿が編纂主任を務めて八坂神社の歴史をまとめ、明治三十九（一九〇六）年に発行された八坂神社編『八坂誌』に、社伝文書という『祇園社本縁録』が引用され、貞観十一年発祥という説が知られるようになった。内容は「貞観十一年天下大疫の時、宝祚隆栄、人民安全、疫病消除鎮護の為、卜部日良麻呂勅を奉じ、六月七日、六十六本の矛、長さ

現在の神泉苑にも還幸祭で中御座神輿が渡御して神事が営まれている

二丈許りを建て、同十四日洛中男児及び郊外百姓を率いて神輿を神泉苑に送り、以て祭る。是を祇園御霊会と号し、爾来毎歳六月七日十四日の恒例と為す」（原文漢文）というものである。

『祇園社本縁録』は「その後失われた」とされてきたが、平成二十八（二〇一六）年発行の『新編八坂神社記録』に翻刻された『祇園本縁雑実記』に、まさに同一の記述がある。江戸時代後期に祇園社宮仕を務めた狛吉久の筆写したもので、原本の筆者は不明だが、記事の内容から寛文十（一六七〇）年ごろの成立とみられる。両書の関係については、後段で検討する。

八坂神社の由緒の項で紹介したように、『祇園本縁雑実記』では神社の創祀も貞観十一年としており、同じ年の三月下旬に社が建てられ、六月に御霊会が行われたことになる。

地震や水害、外寇に見舞われた「天下大疫」を、神社創祀や祭礼発祥の動機と捉えたものだろう。同書は寛文の祇園花街勃興期に、先行史料をあらため、祇園社の由緒を確認した文書であり、一定の史料的信用性が認められる。同時期の寛文九(一六六九)年ごろ成立とみられる『祇園社本縁雑録』は御霊会の発祥に触れていないが、同様の記述で祇園社の創祀を語っており、「或は卜部日良丸勅を奉じて之を祭る云々」と日良麻呂の名を挙げている。卜部日良麻呂(平麻呂、八〇七—八八一年)は神祇官に仕えた平安時代前期の神官であり、後世に吉田唯一神道の宗家となった吉田神社社家、堂上家の吉田氏の祖である。

貞観十八年説

卜部日良麻呂の名は、子孫である吉田家の吉田神道の伝書にも現れる。吉田兼倶による『中臣祓抄』には、「清和天皇貞観十八年、疫神祟りをなし、万人病を発す以ての外なり。曩祖日良麻呂、京中の男女をひきいて六月七日十四日、疫神を神泉苑へ送る。其の次の年又疫神祟るほどに百姓神輿を神泉苑に送る。爾来年々六月七日に此の如くし続けて是を祇園会と云うなり」とあって、貞観十八(八七六)年説を採っている。

天禄元年説

文明元(一四六九)年、吉田兼倶撰とされる『二十二社註式』では、「円融院天禄元年六月十四日、御霊会を始めて、この年より之を行う」と天禄元(九七〇)年説を採っている。同一人物の著述で御霊会発祥の年が異なることは解せないが、吉田唯一神道が主流となり、「神祇管領長上」を自称し、世襲した吉田家が全国の神社、神職を支配した江戸時代には、『二十二社註式』が公式見解となって広まった。

ただし同書は祇園社の創祀についても「陽成院元慶年中」としつつ、天神を祀る神殿のある観慶寺の建立を「貞観年中」としており、先行史料整理のうえで多少の混乱が見られる。

天延二年説

祇園社務執行宝寿院行快の編纂による『祇園社記』の巻第一、晴顕自筆記案『社家条々記録』は、元亨三（一三二三）年二月十日の日付がある社務執行晴顕による記録だが、ここには「天延二年六月十四日、始めて御霊会を行われ、即ち高辻東洞院方四町を於旅所の敷地に寄付せらる。大政所と号し、当社一円進止神領なり」とある。

一般に『社家条々記録』と呼ばれるのがこの晴顕自筆本であるが、『祇園社記』巻第二も『社家条々記録』で、晴顕の父親の社務執行晴喜の自筆記録である。こちらにもほぼ同じ記述があって、ともに天延二（九七四）年発祥説となっている。

また、『祇園社記』巻第二十三『大政所之記』は、享保九（一七二四）年までの御旅所に関する記録を集めたものだが、「社記別記に云く」として『社家条々記録』の記事を引いているほか、天延二年五月に高辻東洞院の秦助正に神託があり、朝廷に奏聞したうえで助正を神主とし、その居宅を御旅所とするよう宣下されたとして、「祭礼の濫觴是なり」とする記事がある。文中に

「先祖助正」とあり、「以来異姓を交えず、十三代相続し、今に相違なき神職なり」とあって十三人の名前を列記しているから、最後にある「顕友」が、大政所御旅所神主として、自家の由緒を記した文書とみられる。現在も神輿渡御の際に宮本組が捧持する「勅板」にも、同様の文面が書かれている。

以上三点の社記から、鎌倉時代から江戸時代にかけて、祇園社内では天延二年説が主流であったことが知られる。

天延三年説

鎌倉時代初期の成立とみられる『年中行事秘抄』には「天延三年六月十五日、祇園御霊会始被献楽人走馬也」とあり、これを「祇園御霊会を始め、楽人走馬を献じられしなり」と読んで、御霊会が天延三（九七五）年に始められたものとする説がある。

しかしこれは六月十五日の年中行事「感神院走馬勅楽等事」についての解説にある記事で、別に「天延三年六月十五日丙辰、公家〔天皇〕今年より感神院に於いて走馬、勅楽、東遊を奉らる。去年の疱瘡の事に依るなり」ともあるので、円融天皇が疱瘡平癒の報賽としてこの年から始められた「祇園臨時祭」を意味しており、「祇園御霊会に、始めて楽人走馬を献じられしなり」と読むのが適切だろう。御霊会の開始を意味する記事ではないと解することができる。

諸説の検討

諸書にある先の五説のうち、まず天延三年説は祇園御霊会ではなく、祇園臨時祭の発祥を説いたものとみられるから除外する。

貞観十一年説、貞観十八年説はいずれも、吉田氏の祖、卜部日良麻呂が神泉苑に神輿を送り、御霊会を始めたという内容である。天禄元年説、天延二年説はいずれも、円融天皇の御代にこれを始めたという趣旨だ。

天禄元年説には詳細が記されないが、天延二年説を記す文書には、いずれも円融天皇が大政所御旅所を寄進された旨が記されており、これは勅板にも記され、御旅所の神主が代々伝えてきた伝承とも共通するため信憑性が高い。より後代に記された天禄元年説は、天延二年説の誤伝と考えても差し支えないのではないだろうか。

御旅所が設けられたということは、疫病の流行に応じて臨時的に祭礼を行うのではなく、毎年の定例としてこれを行うことが定められた、ということを意味する。天延二年に天皇が疱瘡にかかられたため祇園社に祈願し、快癒の報賽として翌天延三年から祇園臨時祭を始められたことは、『日本紀略』にもあってほぼ間違いない事実である。臨時祭が期日を御霊会に合わせて、その翌日に行われている以上、この時点ではすでに祇園御霊会が毎年の定例として、六月十四日に行われていたと考えるのが自然だ。

祇園の神ではなくいわゆる怨霊を祀る御霊会は、すでに貞観五（八六三）年には行われていたことが『日本三代実録』巻第七に見られ、「天下大疫の年」であった貞観十一年に、神祇官で亀トを司ったという卜部日良麻呂が奏請して、防疫神である祇園の神を祀る祇園御霊会が行われたとしても不自然ではない。十一年説と十八年説がある理由は分からないが、祇園社創祀についても貞観十一年説と十八年説があり、この両年が祇園社にとって、何らかの記念すべき出来事があった年次であることは確かだろう。

以上から、貞観十一年ないし十八年に卜部日良麻呂の手で祇園御霊会が始められ、天延二年には円融天皇が御旅所を定められて毎年恒例の祭礼になった、と推論することができる。

失われた『祇園社本縁録』の謎

祇園御霊会の貞観十一年発祥説は、社伝の『祇園社本縁録』の記録するところとして明治三十九（一九〇六）年の『八坂誌』で初めて紹介されたが、『祇園社本縁録』は「その後失われた」とされて検証の機会がなく、貞観十一年説の信憑性が疑われる原因ともなってきた。

高原美忠『八坂神社』（昭和四十七［一九七二］年）は、当時の八坂神社宮司の著作として当然、『八坂誌』の記述は承知しているはずだが、原本の『祇園社本縁録』の所在が確認できないためか、貞観十一年説に触れず、祇園御霊会の濫觴についても子細な検証を省いて、貞観十八年が始まりとする『中臣祓抄』の記事をさらりと引用するにとどめている。

久保田収『八坂神社の研究』（昭和四十九［一九七四］年）では、「この書は余り伝はつてゐないやうで、『国書総目録』にも収載されてゐないが、八坂神社に一本が所蔵されてゐたやうである。だが、いまは所在を失つてゐるため、見ることができないが、明治三十九年出版の『八坂誌』の中に、史料として断片的に引用されてゐるから、その大要は知られる」と伝えている。

また、八坂神社編『八坂神社』（平成九〔一九九七〕年）は、『八坂神社の研究』を下敷きに、「この『祇園社本縁録』は現在失われていてみることはできないが、林屋辰三郎氏をはじめ、いずれの先学もこの記事を肯定されていて」などと述べるにとどめて、詳細な言及を避けている。

管見に入る範囲では、『祇園社本縁録』について検証しているのは『八坂神社の研究』だけだが、『八坂誌』の引用記事のみを材料としているため、成立年代について「承応の頃又御旅所の棚守津田兵部に沽却す」との引用記事から「承応年間よりは後のものであることは明白である」としたり、『祇園社本縁録』は仮名混じり文で書かれてゐるやうであるが、右の文は漢文体であるから、恐らく引用文の箇所であらう。しかし、何からの引用かはよくわからない」とするなど、隔靴掻痒の感が否めない。最終的に、貞観十一年説は「近世中期以後の一異説」と結論づけてしまっている。

貞観十一年説は、失われた『祇園社本縁録』の存在とともに、謎に包まれていたのである。

しかし、平成二十八（二〇一六）年に紹介された『祇園本縁雑実記』が謎を解いてくれた。『八坂誌』に引用されている『祇園社本縁録』の記事四十三件を検証したところ、全てが『祇園本縁雑実記』の記載とほぼ完全に一致したのである。

仮名が漢字になっていたり、助詞が欠落したりという部分は数か所認められるが、引用時の誤写や誤植の範囲であろう。特に注目されるのは、『八坂誌』で「天治二年□月行幸如先例」と記載されている記事の□の部分が、『祇園本縁雑実記』では「同〔天治〕二年　月行幸如先例」と空白になっており、空白部分に「ママ」との編注がついている点である。

『祇園本縁雑実記』は表紙に「祇園本縁雑実記」とあるが、文頭には「祇園本縁雑実録」とある。書名の確かでない私家本を『八坂誌』に収録する際、編者が整理して「祇園社本縁録」と記した可能性は否定できない。

『祇園本縁雑実記』も江戸時代後期の祇園社宮仕狛吉久による写本であるから、『祇園社本縁

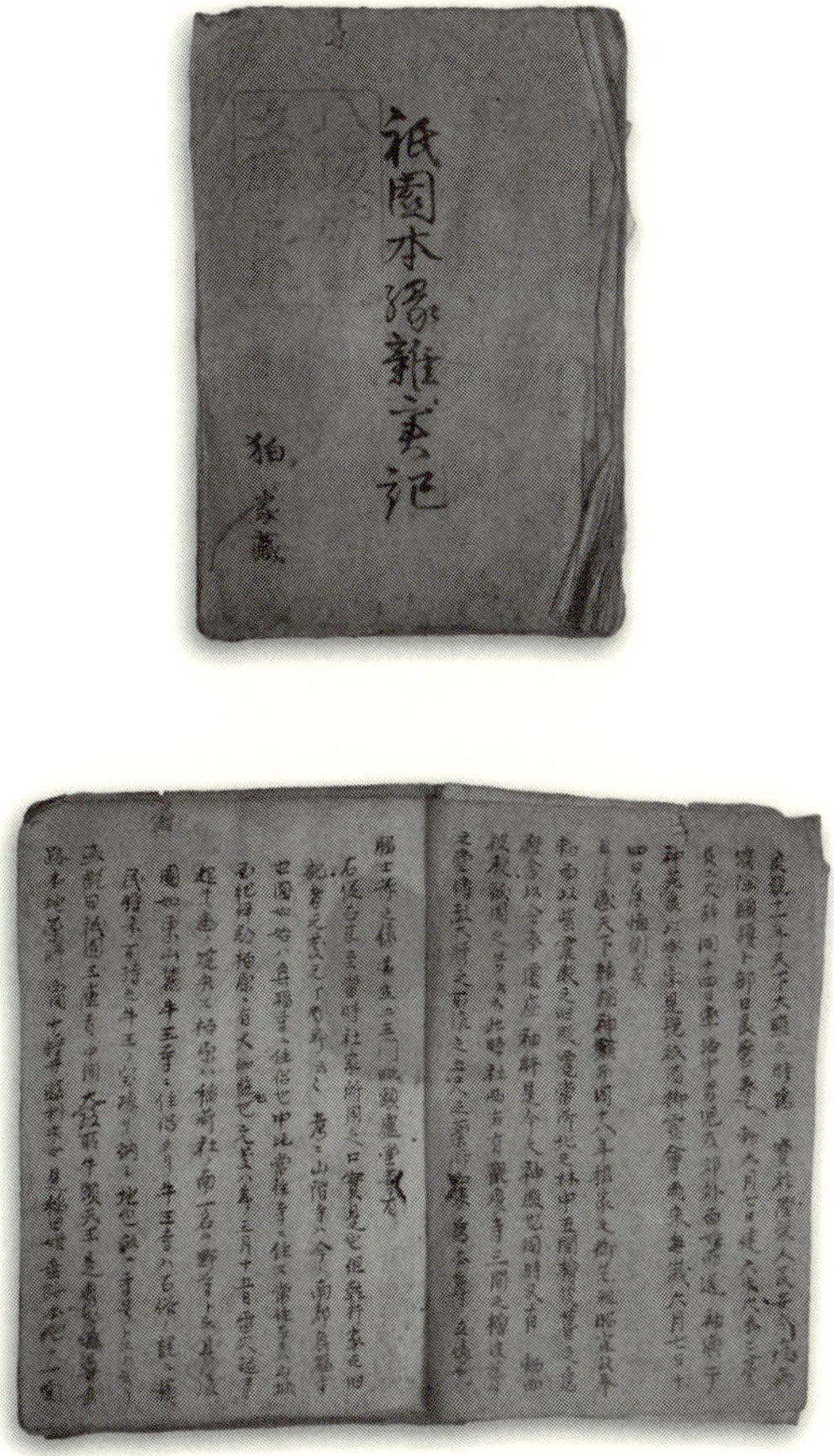

八坂神社に現存する『祇園本縁雑実記』。文中には「貞観十一年天下大疫之時」に祇園御霊会が始まったことが記録されている

録』と題する別の写本があった可能性もないではないが、失われたとされる『祇園社本縁録』が、実は『祇園本縁雑実記』だったと考えるほうが自然だろう。

唯一、気になるのは『八坂誌』の附録『八坂神社考抄』の中に「慶応元年六月十五日臨時祭を再興したまひし事祇園社本縁録に見えたり」とある点で、『八坂神社の研究』もこの記載を挙げて、『祇園社本縁録』の「成立は遥かに降り、慶応元年六月以後といふことになる」と疑問を呈している。

これが事実であれば、『祇園本縁雑実記』とまったく同じ内容の写本が幕末の慶応元（一八六五）年以降に作成され、直近の出来事まで書き加えていたことになるが、承応年間（一六五二―五五年）以降、約二百年間の出来事がまったく記載されていないか、この間の記事を『八坂誌』がまったく引用していないことになり、にわかに信じがたい。『八坂誌』本文の「臨時祭の事」では、臨時祭再興の典拠として『感神院記録』を挙げて儀式の次第を転載しており、附録がこれを典拠としないのは不自然でもある。『八坂神社考抄』のこの記事の前後には、神社の記録について「〇〇に見えたり」と典拠を示す記述が続いていて『祇園社本縁録』も頻出しているため、当該記事は筆者の誤記か、製版時の誤植とみるのが妥当ではないだろうか。

以上から、失われたとされてきた『祇園社本縁録』は現存する『祇園本縁雑実記』であることが推定され、同書には、寛文期に先行史料や社伝を整理して編集された史料的信用性を認めることができる。貞観十一年説も祇園御霊会発祥の時期として、十分検討に値するということができるだろう。

祇園社創祀と祇園会発祥の先後関係

祇園社創祀と祇園御霊会発祥の諸説を検討してきたが、問題はむしろ、「祇園社」の名が定まる前に祇園御霊会が始まった可能性が出てくることだろう。

八坂郷の地に渡来氏族の祀る神が奉斎されたのは飛鳥時代にさかのぼるとしても、仮に藤原基経の社殿寄進が元で「祇園」の名が起こったとするならば、「祇園社」あるいは「祇園御霊会」の名が起こるのは早くても貞観十一年以降、遅ければ十八年以降のことになる。

これについて、祇園御霊会がもっと後代に起こった証左とみることもできるが、八坂神社編『八坂神社』では、「神社の創祀が先でその後に祭祀が行われることになったとは限らず、祭祀が恒例化して、その祭場に社殿を建立することも少なくないから、祇園社の建立と、祇園御霊会の始まりのどちらが先かは一概にはいえない」と論駁している。ましてや、元々神を祀る社があり、「祇園」の名が後でついただけだとすることには何の問題もない。八坂郷の神を祀って御霊会が起こったのが「祇園」の名が起こる前であったとしても、後に「祇園」の名が一般的となったために、後世その濫觴を記録するときに「祇園御霊会」と書いた、としても不思議はないのだ。

これらを古い順に整理すると、以下のように推論される。

・八坂郷の地に渡来氏族の八坂造が住み着いた飛鳥時代から祀られる神があった。
・平安遷都の後、この神が地理的要件から防疫神と捉えられるようになり、蘇民将来説話や新羅降臨説から素戔嗚尊に比定される一方、八坂造の伝承から牛頭天王の名が起こった。

- 貞観年間からこの神を祀って御霊会が行われるようになり、同時期に現在の八坂神社の地に創建された観慶寺とともに奉斎されて、朝野の崇敬を集めた。
- その後、藤原基経による社殿寄進が仏教説話になぞらえられて「祇園」の名が起こり、社名を感神院祇園社、祭礼を祇園御霊会と称することが一般的になった。

祇園臨時祭

先にも触れたが、円融天皇の天延三(九七五)年には、前年秋に疱瘡にかかった天皇の平癒を祈願した報賽として、祇園御霊会の翌日である六月十五日に、走馬、勅楽、東遊《あずまあそび》、御幣を朝廷より祇園社に奉られたことが『日本紀略』、『年中行事秘抄』ほか諸書に見られる。以後これが祇園臨時祭として定例化して神威が高められ、長徳二(九九六)年には祇園社が朝廷により奉幣される「二十一社」(後に日吉社が加わり二十二社)の列に加わることとなった。延久四(一〇七二)年三月二十六日の後三条天皇を嚆矢として鎌倉時代中期まで、天皇、上皇の行幸も数多く記録に残っている。

天延三年には時の関白太政大臣藤原兼通が参向したと『日本紀略』にあり、後代には五位の殿上人が勅使として参向する例になった。時期的に祇園御霊会(後祭)の翌日で、拝殿(現在の舞殿)に神輿が飾られた状態で執り行われるということもあり、御霊会の当日には宮中で「御祝の御献」つまり祝宴があったことが『年中行事秘抄』に見られるから、臨時祭は実質的に、祇園祭と一体をなす祭礼であったと考えられる。

寛弘元（一〇〇四）年六月十五日には藤原道長が祇園社に参詣し、走馬十列と御幣を奉ったとの記録が道長の日記『御堂関白記』にある。日程的にみて、祇園臨時祭にほかならないものだ。当時の道長は正二位内覧左大臣で、すでに最高権力者になっている。その後も道長は、『日本紀略』に寛弘六（一〇〇九）年、『御堂関白記』に長和二（一〇一三）年、『小右記』に長和三（一〇一四）年、『御堂関白記』と『小右記』に寛仁二（一〇一八）年、祇園社に参詣したことが記録されているが、いずれも日付は六月十五日であり、自ら祇園臨時祭の勅使となったか、臨時祭に合わせて参詣したものとみられる。『御堂関白記』には、長和五（一〇一六）年と寛仁元（一〇一七）年の祇園臨時祭には支障があって参詣しなかった旨がわざわざ記されているから、この当時は祇園臨時祭に、最高権力者が自ら参列することが通例になっていたものと考えられる。

なお先述したとおり、「臨時祭」とはいうがこれは当時の律令の施行細則といえる『延喜式』に定められた恒例祭ではない、という意味であって、臨時的に行われる祭のことではなく、勅願によって始められ、年々行われた祭礼を意味する。祇園社のほか、賀茂、石清水、平野などの臨時祭が知られている。各社とも中絶と再興を繰り返し、応仁の乱以降は途絶えていたが、孝明天皇の古儀復興の思し召しにより、祇園社では幕末の慶応元（一八六五）年に再興されて勅使の参向があった。

明治維新にともない、明治四（一八七一）年五月十四日に神社を国家が管理する官社の制が敷かれ、官幣中社に列せられた八坂神社では（その後大正四〔一九一五〕年に官幣大社に昇格）、官祭として行われる例祭に従来の臨時祭を宛てることになり、「御神祭」、「八坂祭」、「勅祭」、「例祭」と名称を変えつつ、六月十五日にこの祭礼が続けられた。明治十（一八七七）年まで勅祭として宮中から東遊の奉納があったが、以後は昭和二十（一九四五）年まで官祭として執り行われたものである。国家管理を離れた戦後も例祭として継続し、昭和三十四（一九五九）年からは弥栄雅楽会により、東遊の奏楽が再興されている。

東遊は後段の「求子歌《もとめごのうた》」で、奉納する神社によって独自の歌詞を奏する習いで、『年中行事秘抄』などには「神風の八坂の里と今日よりぞ君が千歳はかぞへ始むる」、『二十二社註式』には「神風の八坂の里と今日よりぞ君が千歳を許《はか》り始むる」との、祇園社独自の歌詞が伝えられている。現在の八坂神社例祭でも、これに由来する「神が世の八坂の里と今日よりぞ」という歌詞が唱えられている。

なおこの間、明治六（一八七三）年に太陽暦が導入されたことにともない、前年から氏子の私祭という位置づけになっていた祇園祭が新暦七月に移行された（同年は十一、十八日、翌年から明治九年までは七、十四日、明治十年以降は十七、二十四日）が、例祭は六月十五日と定めて継続された。結果的に祇園祭と例祭が切り離して斎行されることとなって、現在に至っている。

山鉾風流の成立と展開

前項で藤原道長の参詣について細かく取り上げたのには理由があって、実は、山鉾行事の始まりに道長が少々関わっているからである。

もう一つのキーワードは「標山《ひょうのやま》」だ。「しるしのやま」とも「しめやま」とも読まれ、大嘗会の際に都大路を引き回された作り山の元祖である。

大嘗会、大嘗祭は、天皇の即位にともなって、例年の新嘗祭を特に大規模にした形で執り行われる一世一代の盛儀である。都より東の諸国から悠紀の国を、西の諸国から主基の国を卜定し、神前に供える新穀を収穫するが、両国の国司がその国の「標《しるし》」としてつくったものが標山である。台車の上に山型をつくり、松を立てて神の依代とし、瑞鳥や神仙の像などで飾ったもので、悠紀、主基の両国は、大内裏の北方の北野の斎場で供饌を整えると、本祭当日の巳の刻（午前十時）、それぞれ二十人の曳夫に標山を曳かせて行列を組み、悠紀は東大宮大路（現在の大宮通）、主基は西大宮大路（現在の御前通）を南下し、七条で合流。今度は朱雀大路（現在の千本通）を揃って北上して、朱雀門から大内裏に入り、黒木で築かれた大嘗宮に参進したものだという。

『本朝世紀』が伝えるところによると、長保元（九九九）年六月十四日の祇園御霊会の日、無骨《むこつ》と称する雑芸の法師が、大嘗会の標山を模したものをつくり、祇園社へ繰り込もうとしたため、これを知った左大臣藤原道長が驚いて停止の宣旨をいただき、検非違使に追捕を命じた。無骨はいち早く逃亡したが、これを神前に奉告したところ、かえって祇園天神がお怒りあり、祝師僧が礼盤から転落する事故が起こった。

さらにその夜、修理職から出火して内裏ことごとく焼亡し、一条天皇は真夜中の十二時過ぎに腰輿に御して左兵衛の陣、次いで職曹司に避難される騒ぎとなった。同二十七日、神祇官と陰陽寮の官人が占ったところ、辰、午、未の方角の大神の祟りと分かり、さらにその大神の御名を勘申せしめたところ、大原野、春日、住吉、祇園と定まり、この四社に奉幣使を発遣した、というのである。

この無骨がつくったという作り山が、祇園祭の山鉾、ひいては全国の祭礼で行われる山車や屋台の起源だとされている。

その後、長和二（一〇一三）年六月十四日には、「今日祇園御霊会御輿の後に散楽空車《さんがくむなぐるま》有り。しかるに左大臣の仰せに依り、雑人数多《あまた》出で来たり、散楽人を打ち留め、その衣装を破損す」とこれも『本朝世紀』にある。空車とは屋根のない車のことで、その上で散楽の諸芸が演じられたものだろうが、再び朝廷によって弾圧された。このときの左大臣というのも道長である。

こうした初期の作り山がどれほど続いたものか不明だが、長刀鉾町に伝わる古文書『神物大薙刀之伝来』には、三條小鍛冶宗近が正暦五（九九四）年に疫病除去を祈願して鍛えた大長刀を祇園感神院に奉納したことを述べた後、「嘉禄年中祇園会再興の時、先蹤《せんしょう》〔先例〕を申し立て、祇園社より毎年預かり来たりて鉾の竿頭に表し、手に親平の像を作りて安置し長刀鉾と称す」とあり、鎌倉時代前期の嘉禄年間（一二二五―二七年）に長刀を掲げる鉾があったことを伝えている。

南北朝期の地下《じげ》官人、中原師守の日記『師守記』になると、「鉾以下以ての外結構」（暦応三〔一三四〇〕年）、「今日祇園御輿迎えなり。定鉾《しずめほこ》例の如し」（康永四〔一三四五〕年）、「今日祇園御輿迎え例の如し。鉾以下冷然、久世《くせ》舞車《まいぐるま》これ有りと云々。作り山風流等これ無く、定鉾ばかりなり」（貞治三［一三六四］年）、「今日祇園御霊会例の如し。作り山一両これ有り。笠鷺鉾これ無し。久世舞車これ無く、大名は見物せず」（貞治四［一三六五］年）と山や鉾が頻出し、「定鉾」や「久世舞車」、「笠鷺鉾」、「作り山風流」などが現れている。これらの記事は祇園神輿迎え（六月七日、前祭）、祇園御霊会（六月十四日、後祭）の双方に見られ、神輿を迎えるための風流行事（趣向を凝らした華美な催し）として、山鉾風流が祇園祭に定着していたことが判明する。

定鉾は大山崎の油座、笠鷺鉾つまり鵲《かささぎ》鉾は西陣の源流にあたる織子の大舎人座が出したものとして知られ、後世のような町単位だけではなく、このころは商工業者の同業組合からも山鉾が出ていた。

現在も演じられる狂言「鬮罪人」は、当年の祇園会の山の出し物を町内で相談し、地獄の鬼が罪人を責める場面を出すことになる、という設定になっており、この狂言がつくられた室町時代前期ごろには、山の上に人が乗って芸を演じる風習が残っていたことが分かる。

室町時代中期には、応仁の乱の発生により祇園御霊会そのものが三十三年にわたって中絶したが、幕府の肝煎りもあって明応九（一五〇〇）年に復興する。復興の年に中絶前後の山鉾の次第を侍所の役人、松田頼亮が記録した『祇園会山鉾事』が八坂神社に伝わっており、中絶前には前祭三十二基、後祭二十八基が、明応九年の再興時には前祭二十六基、後祭十基が出たことが記録されている。このころには山鉾が町単位で出されるものとなり、また作り山の題材もそれぞれ固定するようになっている。明応九年に復興した三十六基は二、三の例外を除いて今に伝わっており、その後再興した数基もあって、江戸時代の初めごろには現在の前祭二十四基（布袋山を含む）、後祭十一基〔鷹山を含む〕の三十五基が定着したものとみられる。

ご祭神の複雑な伝承

八坂神社のご祭神は古来、主祭神三座を含む十三柱とされ、現在は、中御座＝素戔嗚尊、東御座＝櫛稲田姫命、御同座＝神大市比売命、佐美良比売命、西御座＝八柱御子神（八島篠見神、五十猛神、大屋比売神、抓津比売神、大年神、宇迦之御魂神、大屋毘古神、須勢理毘売命）、傍御座＝稲田宮主須賀之八耳神とされている。これは明治三年編纂の『八坂社旧記集録』所載『八坂郷奉斎十三前記』に準拠したものだ。

東御座の三柱は素戔嗚尊のお妃たち。櫛稲田姫命は八岐大蛇の神話で有名な正妃である。神大市比売命は大山津見神の娘、佐美良比売命は伊勢の伊雑宮に同座として祀られる神という。

西御座は五男三女の御子神。八島篠見神、五十猛神、大屋比売神、抓津比売神は櫛稲田姫命の子、大年神、宇迦之御魂神は神大市比売命の子、大屋毘古神、須勢理毘売命は佐美良比売命の子とされる。傍御座として西御座に合わせ祀る稲田宮主須賀之八耳神とは、櫛稲田姫命の父、足名椎命と母、手名椎命（『日本書紀』では脚摩乳、手摩乳と記す）の二柱の神である。

以上は明治維新の神仏分離後に定まったご神名であると思ってよい。しかし、ご祭神が「十三前」ということについては、保元三（一一五八）年十一月十一日『感神院所司解文』の中に「毎日十三前神供を調備して、更に違例致さず勤仕せしめ来る所なり」、永享元（一四二九）年十一月十五日、祇園社社務御代官職となった縁春の起請文に「日本国中大小神祇、殊に伊勢熊野三所権現、祇園十三所部類眷属八万四千余神等の神罰冥罰、縁春罷り蒙るべきものなり」とあって、古くよりの由緒である。

文化十一（一八一四）年筆写の『祇園社年中行事』正月十四日の項にも「日神供と云あり。御膳十三膳、もっそう一膳に、三盃宛、内々陣に奉る。外一膳、大師堂に献ず。各五菜なり。三鋼の中より、祝詞奉る。古は、日々に献ず。故に、日神供と云」とあって、その後毎月一日に奉られた「日神供」が十三膳用意されていたことが伝えられている。

一方、同じ江戸時代の『祇園本縁雑実記』では、「第一大宮殿、中之間、牛頭天王、垂跡素戔嗚尊。第二八大王子、東之間、相光天王、魔王天王、倶摩羅天王、徳達天王、羅持天王、達尼漢天王、持神相天王、宅相神勝天王是也。第三少将井殿、西之間、婆利采女、垂迹奇稲田姫」とあり、中御座が牛頭天王、東御座が御子の八大王子（八王子）、西御座が妃の婆利采女（婆利女）だとされている。

『祇園社本縁雑録』も「徳達天王」が「徳達神天王」となっているだけで同じご神名を記載。さらに「廿二社次第の説」として「東之間は蛇毒気神《だどくけ》、沙竭羅《しやから》龍王の女《むすめ》、垂跡本地毘沙門、又は正観音と云う」との異説を紹介している。

素戔嗚尊と習合された牛頭天王については、中世に蘇民将来説話をはじめ陰陽道や道教、そのほかさまざまな伝説が複雑に結びついた牛頭天王縁起が成立して、記紀神話とはかけ離れた世界観が出現している。例として『祇園社記』巻第三『牛頭天王御縁起』の概略を紹介すると、「東方浄瑠璃世界の教主、薬師如来が十二の大願を発して垂迹し、須弥山の中腹にある豊饒国の王、武答天王の太子として生まれ、王位を継承して牛頭天王と称した。大海の中の沙竭羅龍王の娘を娶ろうと旅をし、その途次で古端（巨端）長者に宿を断られ、貧しい蘇民将来にもてなされる。やがて龍宮に到着して、龍王の三女、婆利采女の宮で八年を送り、七男一女の王子が生まれた。王子と后宮を伴って還御のとき、天王の眷属が古端の一族を悉く滅ぼしたが、孝順な娘一人のみ助け、茅輪を作って蘇民将来之子孫也という札をつければ、末代まで災難を免れると仰せあった」といったものである。

ここで牛頭天王の妃とされた婆利采女が、素戔嗚尊の妃である櫛稲田姫命として垂迹したものと解され、神仏分離の際、八王子に素戔嗚尊の八人の御子が宛てられたというわけである。なお、八王子は「八王子権現」の名で各地で信仰され、東京の八王子市の名もこれを祀る八王子神社に由来するものだが、こちらの神社では神仏分離の際、八坂神社でいう八柱御子神ではなく、天照大神と素戔嗚尊の誓約《うけい》で生まれた五男三女神に比定されている。

素戔嗚尊と牛頭天王だけでもこの混乱ぶりだが、さらに陰陽道では牛頭天王が天道神、婆利女が歳徳神、八王子が八方位の暦神である八将軍であるとされ、それぞれに薬師如来、十一面観音、千手観音などの本地仏があってややこしい。混乱のなかで、八王子の一人を「蛇毒気神」とする異説が生じ、牛頭天王の妃となった沙竭羅龍王の三女は婆利女だったはずが、これを蛇毒気神と混同する伝承も生まれた。

吉田神道の『二十二社註式』では、祇園社のご祭神を「西間、本御前奇稲田媛垂跡、一名婆利女、一名少将井、脚摩乳手摩乳の女。中間、牛頭天王、大政所と号す、進雄尊垂跡。東間、蛇毒気神、龍王の女、今御前なり」としており、西御座を本御前（先妻または正妻）、東御座を今御前（後妻または側妻）とする伝承が生まれていたことが分かる。

ところで、ご祭神は「十三前」というのが古来の伝承だったはずだが、牛頭天王、婆利女、八王子では合わせて十柱にしかならない。

『扶桑略記』延久二（一〇七〇）年十月十四日条には、感神院大回廊、舞殿、鐘楼が焼亡したが「天神御体は之を取り出し奉る」とあり、同十一月十八日条に「官使を以て感神院八王子四体ならびに蛇毒気神、大将軍御体焼失の実否を検録す」とあるので、当時は牛頭天王、婆利女、八王子のほかに蛇毒気神と大将軍の神像が、ご神体として祀られていたことが分かる。これでも十二柱で残り一柱は不明だが、要するに牛頭天王のご一家のほかに三柱の神が祀られていたということになるのだろう。

大将軍は平安遷都の際、王城鎮護のために都の四方に奉斎した守護神であり、祇園社が都の東方を守護する意味で合祀されたものと考えられる。蛇毒気神は由緒不明、正体不明の神様だが、三輪明神の説話をはじめ、神が蛇体を借りて現れる伝承は多いから、神社創建前のこの地に蛇穴などがあったのを、神として祀ったものだろうか。この二神の存在がその後混乱し、陰陽道の方位神の一人とみなされるようになった大将軍が八王子と混同して、八王子を八将軍とする伝承が生まれたのかもしれない。

残り一柱は、想像をたくましくするなら、婆利女の父である沙竭羅龍王ではなかっただろうか。

東御座を「沙竭羅龍王の女」とする古文書の記載や、明治以後のご祭神として櫛稲田姫命の両親、稲田宮主須賀之八耳神が加えられている事実からの連想である。

ところで、八坂神社本殿のご神座の下には龍穴があり、龍宮につながっているとの伝説がある。現在は漆喰で覆いが施されているが、昔は実際に池になっており、高原美忠『八坂神社』には「昔はこの覆はなく、青々とした水を湛えているのがよく見えた」と記されている。

池水の上に社殿が設けられたのは、神泉苑の水辺で御霊会を行ったのと同様に、神の依代としての意味合いだと思われるが、婆利女が沙竭羅龍王の娘であり、龍神であることから龍穴の伝説が生まれたものとも考えられる。あるいは都の東を護る社であり、四神の青龍が宿る地である、との位置づけも関係しているのかもしれない。祇園の神は水の神でもあるといわれ、神輿洗に鴨川の水神を迎える意味合いがあるとされるのも、これに由来するものではないだろうか。

神様が替わった神輿

ここまでで、察しのよい読者はお気づきのはずだが、婆利女は西御座、八王子は東御座に祀られていたはずなのに、現在は櫛稲田姫命が東御座、八柱御子神が西御座と逆転している。実は明治時代に入れ替わっているのである。

明治維新の際、全国で統一的に施行された「神社祭式」では、「正中を上位とし、左を次とし、右をその次とす」と定められた。妃を上位、御子を次とするために、東西の御座を変更したとい

上：７月17日の神幸祭で御旅所に渡御した中御座神輿。中御座と東御座、東若御座はかつての大政所御旅所にあたる西御殿で着輿祭の神事が営まれる。下：西御座だけはかつての少将井御旅所である御旅所東御殿で着輿祭を執り行う

うのだ。

では元々、婆利女を西、八王子を東にお祀りしていたのはなぜか。高原美忠『八坂神社』では「京都では向って左を上座としたところが少なからず、御所の所在によってきめたものという人もある」として、洛東に所在する祇園社で内裏のある西を上座とした可能性と、「素戔嗚尊の御子神をまず祭り、後に稲田姫命を祭ったからだという考もある」と創祀の際に妃よりも御子を優先した可能性を説いている。

面白いのは、ご祭神と神輿の関係である。明治期にご祭神が東西で入れ替わったが、神輿はそのままになっているのである。

祇園祭ではかつて、大宮神輿と呼ばれる六角形の神輿に牛頭天王、八王子神輿と呼ばれる四角形の神輿に八王子が乗られてともに大政所御旅所に渡御し、少将井神輿と呼ばれる八角形の神輿に婆利女が乗られて少将井御旅所に渡御した。

現在は、中御座の旧大宮神輿が素戔嗚尊の御料となっているのは当然だが、東御座の旧八王子神輿に櫛稲田姫命が乗られ、西御座の旧少将井神輿に八柱御子神がお乗りになっている。つまり神輿はそのままで、お乗りになる神様のほうが替わられたというわけだ。

さらには七月十七日の神幸祭で渡御する四条寺町の御旅所で、かつての大政所御旅所である西御殿に素戔嗚尊と櫛稲田姫命が遷御し、少将井御旅所であった東御殿に八柱御子神が遷御している。由来を考えればちぐはぐな感もあるが、神道の意外に融通無碍な一面を表しているといえなくもない。

御旅所の変遷と又旅社

大政所御旅所

祇園祭で神輿が渡御する御旅所についても変遷がある。

「祇園祭の発祥」の項でも触れたとおり、円融天皇の天延二（九七四）年五月、高辻東洞院の秦助正に神託があり、宣旨によってこれを祇園社の御旅所とされて、毎年神輿を渡御させるよう命じられた。これが「大政所御旅所」である。東西は東洞院から烏丸、南北は高辻から五条坊門（現在の仏光寺）という一町四方を敷地としており、牛頭天王と八王子の神輿が渡御した。

現在も烏丸通に面した仏光寺と高辻の間を大政所町といい、下京警察署がある町内である。仏光寺下ル東側に「大政所御旅所旧址」の石碑と町内で祀られる小さな社が残っており、七月二十四日の還幸祭では三基の神輿が渡御して神職の拝礼がある。

『祇園社記』巻第二十三『大政所之記』に「当社古文書に云く」として「円融院天延二年五月下旬、先祖助正の居宅、高辻東洞院を以て御旅所と為し、神幸有るべきの由、神託有るの上、後園に狐塚有り、蛛《くも》の糸引き延びて、当社神殿に及ぶ。所司らこれを怖れ、尋ね行きて助正宅に引き通りおわんぬ。よって所司ら奏聞の刻《とき》を経て、助正を以て神主と為し、居宅を以て御旅所と為すべきの由、之を宣下せらる。祭礼の濫觴是なり。自余以来異姓を交えず、十三代相続し、今に相違なき神職なりと云々」とその由緒を記し、助正から顕友に至る十三代の系図を記載している。

大政所御旅所の跡地には今も小さな社が祀られている

この「古文書」の原本とみられる文書の写真が河内将芳『絵画資料が語る祇園祭』に掲載されている。同書によると、系図の十一代目にあたる「助貞」は、『師守記』貞治三（一三六四）年五月十日条に「祇園神主」として記載されているといい、『大政所之記』によれば応永四（一三九七）年六月に非違あって神主職を退下していることが分かる。十三代目の顕友がこの文書を記したのは、室町時代前期のことだろう。

神輿渡御の際に宮本組が捧持する「勅板」には、この古文書と同趣旨の文が書きつけてあり、神輿渡御の根拠を円融天皇の宣旨に求める内容となっている。江戸時代には、勅板が「式札」、「御玉文」と呼ばれ、祭礼の際に御旅所から出されていたとされる。『祇園本縁雑実記』には、「今六月祭礼の時、長さ六尺、幅七寸の板に文字百二十一字を書きて、錦を以て包みたるは、此の神託の由来を書きたる札なり。常は御旅所に納め置けり。当時祭礼に持つところの札の外に又一枚御旅所の内陣に札有り」とあって、二枚の勅板があったことが記録されている。

大政所御旅所は天正十九（一五九一）年、先述した豊臣秀吉の京都大改造の一環で四条寺町の現在地に移転し、少将井御旅所と統合された。

助正の子孫は顕友で絶えたらしく、その後岩崎氏、池田氏などを経て、江戸時代の寛文十二（一六七二）年五月、社僧宝光院の係累にあたる藤井主膳を「御旅所宮守」に任じ、藤井氏が御旅所の神職を世襲して明治に至っている。

壬生の元祇園梛神社

『八坂誌』には「御旅所はじめ壬生の辺にあり。のち烏丸五条の北、いわゆる大政所の地にあり」と記されている。典拠が示されていないので経緯が分からないが、天延二（九七四）年以前に、神輿渡御の地が壬生にあったことを示唆するものである。

壬生には今も「元祇園」を称する梛《なぎ》神社（中京区壬生梛ノ宮町）があり、祇園社に牛頭天王を勧請した際に、梛の森であったこの地に神輿を置いて仮に祀り、その後風流傘を立てて神を祇園

壬生に鎮座する元祇園梛神社

に送った、と由緒を伝えている。山鉾風流の源流を示す一説であり、その風流傘が傘鉾になって残っている、というわけだ。真偽のほどは分からないが、明治から戦前にかけて壬生組が西御座神輿の輿丁を担当したことや、江戸時代以来の所縁に基づいて、綾傘鉾の囃子方を壬生六斎念仏講中が担っていることなどを考えても、古代からこの地に祇園社とのゆかりがあったことが感じられる。

少将井御旅所

大政所に牛頭天王と八王子の神輿が渡御したのに対し、婆利女の神輿が渡御したのが冷泉東洞院の少将井御旅所である。東西は大政所と同じく東洞院から烏丸で、南北は冷泉(現在の夷川)から大炊御門(現在の竹屋町)の一町四方である。現在、京都新聞社がある烏丸の竹屋町と夷川の間を少将井町と称し、

少将井御旅所跡地から移転、京都御苑内の宗像神社に末社として祀られている少将井神社

一筋東の車屋町は少将井御旅町となっている。

かつてこの地には『後拾遺和歌集』の歌人、少将井尼の屋敷があり、庭に少将井と称する名水の井戸があった。疫病流行が甚だしかった長和二（一〇一三）年、上京の人々が祇園御霊会の神輿三基のうち一基を上京に迎え、この少将井の上に据えてこれを祀ったという。保延二（一一三六）年、鳥羽上皇の勅願によりこの地を祇園社に寄進せられ、少将井御旅所とされた。

沙竭羅龍王の娘で龍神である婆利女が、霊水の湧き出る井戸の上に祀られたことは、水の神としての因縁を重んじたものとも考えられる。

『祇園本縁雑実記』には「六十七代三條院長和二年、神託によって婆利采女神輿を大炊御門と冷泉の間、東洞院と烏丸の間〔今の車屋町通突抜二條二町上ル〕少将井の処を御旅所とす」とあり、上京の男女が婆利女の神輿を遷幸して少将井の尼の家に神輿を置いた旨が記されている。『祇園社本縁雑録』にも同様の記事があり、『社家条々記録』には鳥羽院による社地寄進の記録がある。

少将井御旅所も天正十九（一五九一）年、豊臣秀吉の命により四条寺町の現在地に移転した。御旅所の移転後、旧敷地を縦断するかたちで車屋町通が設けられ、通りに面した少将井御旅町の町内に「少将井社」が祀られていたが、明治十（一八七七）年に京都御苑内にある宗像神社に遷された。現在も「少将井神社」と称して櫛稲田姫命を奉斎しており、七月二十四日に八坂神社の神職が参向され、神饌を献じて祭の斎行を奉告しておられる。

四条寺町御旅所

天正十九年、豊臣秀吉の命により四条通寺町東入の現在地に二か所の御旅所が移転統合された。もっとも、四条通をはさんで北側に大政所御旅所の社殿と神輿舎が、南側に少将井御旅所の社殿と神輿舎が建ち、同じ境内の中に二つの御旅所が並び建つかたちとなっている。

『祇園社記』巻第二十三『大政所之記』に所載の古図面によると、南北十二間、東西二十四間余りの敷地には、西の寺町通に面して鳥居と石灯籠があり、東側には四条河原に通じる御旅所門が設けられていた。それぞれに神楽所が付属し、大政所は寛文十二（一六七二）年以来、藤井氏が「御旅所宮守」を世襲して神殿の裏（東側）にその居宅があったが、少将井は元和年間（一六一五―二四年）に因幡堂執行薬王院が管理権を取得して、慶応三（一八六七）年十二月、御旅所宮

上：現在では四条寺町の御旅所に３基の神輿が並んで奉安される。下：戦前の御旅所にも数多くの提灯が並んでいる

仕だった大和助昆に譲渡されるまでその支配に属した。こちらも神殿の裏（東側）に因幡堂の役人がいたという。江戸時代の『祇園会細記』には、神輿渡御の際、因幡堂承仕が少将井神輿の供奉をする様子が描かれている。

同じ境内の少将井神輿舎の西には冠者殿社があり、これは祇園社末社で大政所御旅所宮守が管理。さらに西の南西角には悪王子社があり、こちらは泉涌寺来迎院の支配地だったという。

冠者殿社は素戔嗚尊の荒御魂を祀る社で、元は大政所町にあった。天正十九年、御旅所移転の際、万寿寺通高倉東入官社殿町に遷ったが、慶長年間（一五九六―一六一五年）の初めに四条寺町御旅所の境内に遷座した。現在も御旅所西御殿の西側に奉斎されている。俗に「誓文払い」の神様といわれ、江戸時代には京の商人や芸妓たちが、商売上で客に嘘をついた罪を逃れられると して十月二十日の戎講の日にこの社に参拝する風習があり、この前後には罪滅ぼしとしての安売りが行われたとされる。また、これに由来して、能「正尊」で虚偽の起請文を読む土佐坊正尊（昌俊）がご祭神だとする俗説もあったようだ。

悪王子社も悪王子と呼ばれた素戔嗚尊の荒御魂を祀るもので、疫神社に次ぐ八坂神社第二の摂社とされている。『八坂誌』に所載の『悪王子社記』によると、天延二（九七四）年、秦助正の霊夢に現れた神が「我はこれ悪王子なり。汝の家を影向の地とせん」と告げられ、翌朝朝廷に奏上したところ、時の円融天皇も同じ夢を見ておられたので大いに叡感あり、助正の居宅を御旅所と改められたが、その際に奉祀したのがこの社とされる。元は東洞院通四条下ル元悪王子町にあり、天正十八（一五九〇）年、烏丸通五条上ル悪王子町に遷った後、慶長元（一五九六）年に御旅所境内へ遷されたもので、四条大和大路を経て明治十（一八七七）年に八坂神社境内に遷されている。

御旅所造営の際に一人の老翁が現れてこれを助けたのが悪王子の化現だとされ、翁が日々寄りかかって食事をしていた石が社の脇にあったのを御供石《ごくういし》と唱えて神石とし、毎年の神幸祭のときには、この石の上に神饌を供える風習だった。この石ももと悪王子町にあり、悪王子社移転にともなって万寿寺通烏丸西入御供石町、次いで四条寺町御旅所に移転したが、その後失われた、とされている。ところが壬生の元祇園梛神社には「昭和七（一九三二）年に御供石町から移した」という御供石が祀られており、伝承の混乱がみられるものの、現存を確認することができる。市街化の影響で御旅所から撤去されたものが、何らかの経緯でこちらに移ってきたものかもしれないが、今でも御供石町の人々が年一回揃って梛神社に参拝する風習が残っており、あるいは御旅所に移転したという伝承が誤りで、昭和初期まで御供石町に残されていたのが真実とも考えられる。

明治四十四（一九一一）年十二月、四条通の拡幅のため、大政所御旅所を南側に遷し御旅所西社（西御殿）に、少将井御旅所も数間南に動かして御旅所東社（東御殿）とし、西

元祇園梛神社に祀られている御供石

三条黒門の又旅社。７月24日の還幸祭で３基の神輿が渡御する際、神泉苑の水際を表す斎場が設けられる

面して道路をはさんで並んでいた両御旅所が、北を向いて並ぶことになった。二つに分かれていた神輿舎も東西の御殿の間に一体化され、神輿三基が揃って奉安される現在の形ができ上がった。

又旅社（三条御供社）

第一章で紹介したとおり、七月二十四日の還幸祭で三基の神輿が渡御して神事が執り行われる三条御供社は、御旅所に滞在された神々がさらに旅をされる場所の意味で「又旅社」、「又旅所」と呼ばれる。境内地はいにしえの神泉苑の東南隅にあたり、素戔嗚尊、櫛稲田姫命、八柱御子神を祀る。祇園祭発祥の地ともいえる重要な社である。

三条黒門の北西角に所在するが、町は黒門通で分割されず、猪熊通から大宮通まで、社を中心にして東西に広がって御供町と称

《日吉山王祇園祭礼図屏風》（サントリー美術館蔵、部分）。駒形を胸に提げて馬に乗る子供二人の姿が描かれている

する。

明治六（一八七三）年、「八坂御供社」の名で村社に列格されたが、明治三十九（一九〇六）年には八坂神社の境外末社「又旅社」となって現在に至っている。

中世の祇園祭

中世以降の祇園祭の様子は、数々の書物に伝えられ、《洛中洛外図屏風》をはじめとする絵画に描かれて、現在でも窺い知ることができる。詳細は専門書に譲るとして、ここではいくつかのトピックを紹介しておこう。

少将井駒頭

サントリー美術館蔵《日吉山王祇園祭礼図屏風》の《祇園祭礼図》は、一つの画面

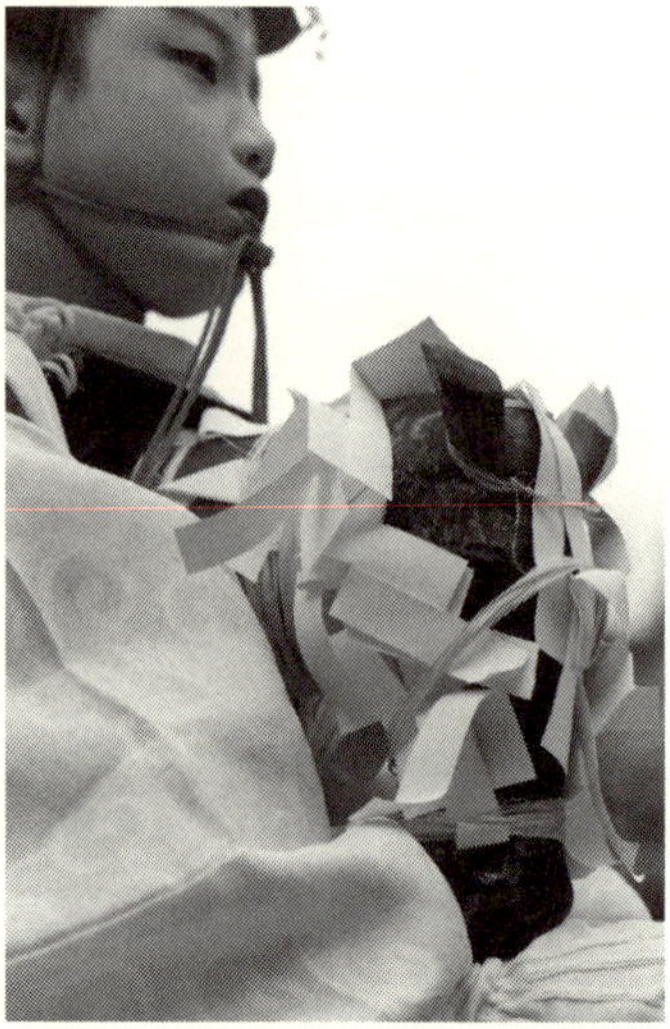

神輿渡御で久世駒形稚児が胸に提げる駒形

に山鉾巡行と神輿渡御を描いて壮観だが、神輿の行列の前に、御幣持ちの白丁を従えて進む馬上の子供二人の姿があり、ともに馬の頭の作り物を胸に提げているのが見て取れる。現在の久世駒形稚児を想起する姿である。

　現在の駒形は上久世の綾戸国中神社のご神体であるが、中世には少将井御旅所に「駒頭」が伝えられ、駒大夫と呼ばれる神人がいたことを、『八坂神社文書』の記事から窺い知ることができる。

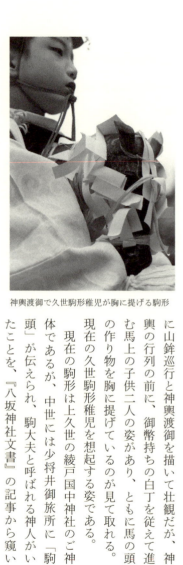

　文明十九（一四八七）年二月五日付「駒大夫せんけん借用状」には、「せんけん」と「太郎次郎」の親子が「ぎおんの御こま」などを質において五百文を借りた旨が書かれている。当時は応仁の乱の十年後で、祇園御霊会が中断されていた時期だが、明応九（一五〇〇）年に再開されている。その翌年の文亀元（一五〇一）年五月付「少将井狛大夫家次初問状」を見ると、狛大夫の家次が慌てて「御霊社惣一東女坊に質入れして請け出せない」と報告してきたことが分かる。金を貸したのは御霊社（下御霊神社か）の「奥」という巫女で、駒頭を手放さず祭礼奉仕も拒み、奉行所を巻き込んで以後約十年にわたって紛争が繰り広げられた。

　最終的に永正十八（一五二一）年ごろになってようやく「奥」が駒頭を返上し、祇園社本体で管理されることになった。これが国中神社のご神体となり、久世稚児が神輿渡御に供奉するようになった経緯は不明であるが、《祇園祭礼図》が描かれたのは応仁の乱より後のことと推定されるから、画面にあるのは久世稚児の姿であろうか。駒頭が二つ描かれていることも含めて、謎が深まる。

犬神人の法師武者

天正二（一五七四）年に織田信長が上杉謙信へ贈ったとされる上杉本《洛中洛外図屏風》（狩野永徳筆、国宝、米沢市上杉博物館蔵）には、鎧の上に柿色の衣を重ね、白布で頭を覆った僧形の六人が、肩の高さほどの棒を手に、神輿渡御の行列の先頭を歩く姿が描かれている。《祇園祭礼図》にも同様の姿が見られるが、これは「棒ノ衆」と呼ばれ、後には「法師武者」とも呼ばれた行列の警護役で、祇園社の下級社人である犬神人《いぬじにん》が勤めたものだ。

祇園社の南にある鳥辺野は古来、葬送の地とされ、都から旧五条大橋（現在の松原橋）を渡って鳥辺野へ進む道には「六道の辻」があり、この世とあの世を往き来する場所とされた。この地にいた葬送法師たちがいつのころからか、祇園社に所属する犬神人とされ、死穢の除去や祭礼の警護などの雑用にあたる一方、京域の清掃や葬送、埋葬を取り仕切る特権をもっていた。

『八坂神社文書』所収の康永三（一三四四）年「感神院所司等申状」は、「東は限る白河山、南は限る五条以北、西は限る堤、北は限る三条の末以南」を感神院領とした、後三条天皇の延久二（一〇七〇）年二月二十日付「太政官符」（重要文化財。八坂神社に現存する最古の文書でもある）を根拠に、建仁寺と支配地を争ったものだが、文面に「就中、四条以南、五条以北の河原田畠は、延久以来、社恩として非人に宛て賜るの間、犬神人と号し、祭礼以下の諸神事に相従う所なり」とあって、犬神人の起源を平安時代の社領確定時に求めている。また、『社家記録』正平七（一

上：狩野永徳《洛中洛外図屛風》（国宝、米沢市上杉博物館蔵、部分）。棒を手に神輿渡御を先導する犬神人が描かれている。下：同。犬神人に続いて3基の神輿が橋を渡って渡御する

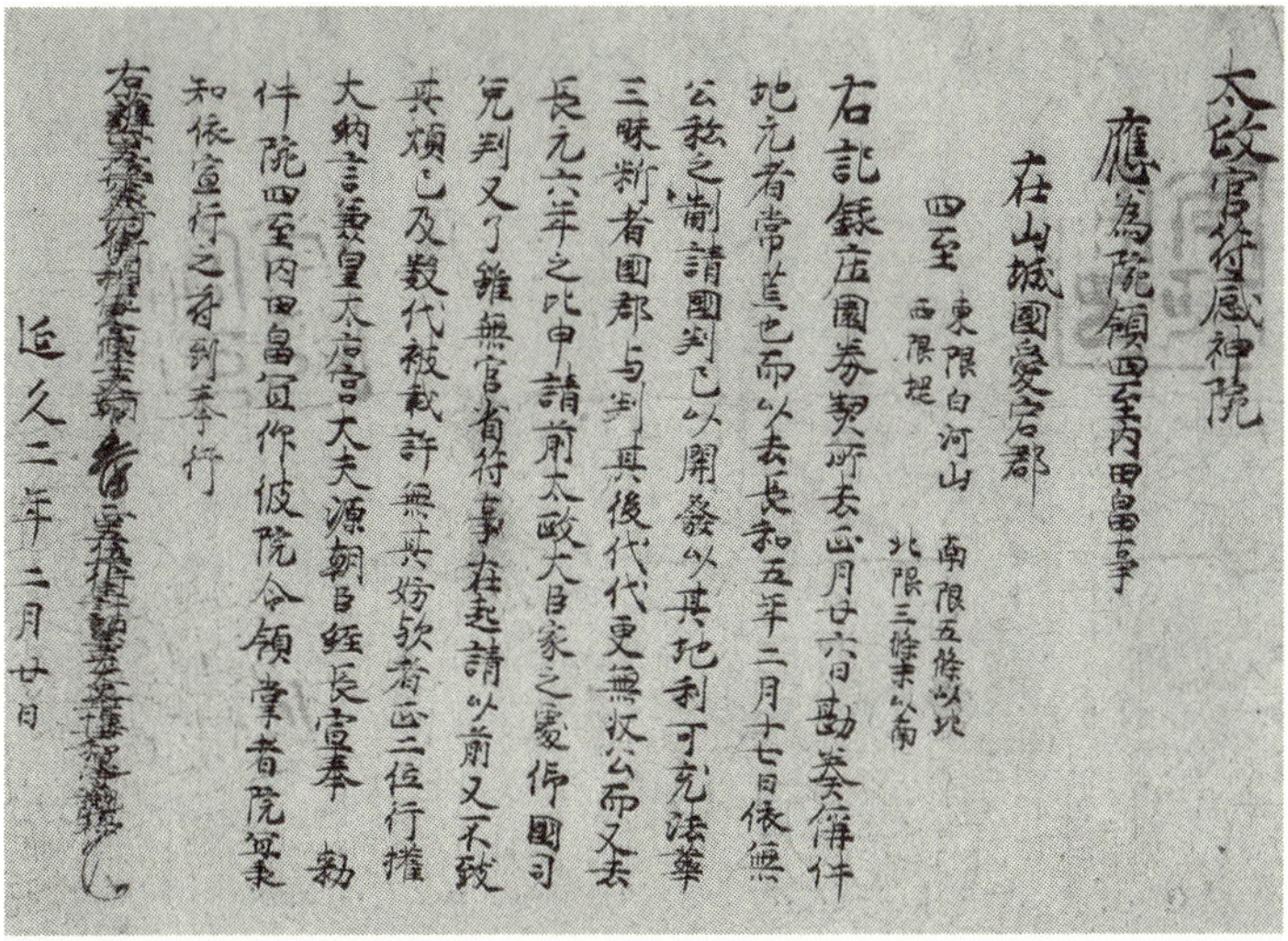

太政官符感神院
應爲院領四至内田畠事
在山城國愛宕郡
四至 東限白河山 南限五條以北
西限堤 北限三條末以南
右訖錄在園券契所去正月廿六日勘奏偁件
地元者常荒也而以去長和五年二月十七日依無
公私之制請國判已以開發以其地利可充法華
三昧料者國郡与判 其後代代更無収公而又去
長元六年之比申請前太政大臣家之處仰國司
免判又了雖無官省符事在起請以前又不致
其煩已及數代被裁許無其妨歟者正二位行權
大納言兼皇太后宮大夫源朝臣経長宣奉 勅
件院四至内田畠宜仰彼院令領掌者院宜承
知依宣行之符到奉行
延久二年二月廿日

延久２年２月20日付「太政官符」（重要文化財）。八坂神社が所蔵する最古の文書である

三五二）年正月二十六日条にも「犬神人」の名が見られ、南北朝期には定着していたものとみられる。

明応九（一五〇〇）年に書かれた先掲『祇園会山鉾事』には、冒頭に神輿渡御についての一節があり「御供の儀式、御先へは犬神人まいる、そのあとは思い思いの願主」と書かれて、犬神人が行列の先頭を承っていたことが分かる。

永禄六（一五六三）年にイエズス会の宣教師として来日し、二年後に京都入りしたポルトガル人、ルイス・フロイスの著書『日本史』は、外国人の目で見た戦国時代の日本が活写されていることで知られるが、フロイスは祇園祭についても詳細に見聞している。神輿渡御のくだりでは、「午後、彼らは非常に立派に飾られた大きい輿を持って神社から出る。多数の者がその輿を肩に担ぐが、その中にかの偶像があると言われる。民衆は皆頭を下げつつ、双手を挙げてこの輿を拝む。そしてその時には、たとえ酷暑であっても、輿が通過する間、誰も頭に帽子をかぶったり扇子を使ったりすることは許されない。なぜなら輿に先行している大勢の下賤の者がそうした人を見つけるとその頭を棒でなぐりつけるからである」と報告している。

犬神人の直接的な末裔であるかどうかは定かではないが、江戸時代には六原の弓矢町に「弦召」と呼ばれる者たちがいて、「棒ノ衆」のほか、数十人の武者が出て行列を警護した。この地の住人は当時、弓矢や弦などをつくる職人で、覆面して辻占を売る「懸想文売り」などにも携わった由緒がある。「つるめそ」の名の由来は、弦を売り歩く「弦召そう」の呼び声によるとも、弦売僧《つるめそう》の宛字ともいう。

この時代、棒ノ衆には大正時代まで弓矢町にあった愛宕寺（その後右京区嵯峨鳥居本に移転して愛宕念仏寺）の住職が加わり、弓矢町の年寄ら計六人で構成していた。江戸時代の『祇園会細記』や『祇園社年中行事』の列立を総合すると、棒ノ衆の次に、白地に金で檜扇を描いた旗指物を背中に指す「使番《つかいばん》」二人が続いた後、日ノ岡、九条、桂、鳥羽の郊外各地から来る武者計数十人が並び、弓矢町の法師武者数十人が続いたようだ。最後尾には大将格の「惣押《そうおさえ》」が槍持ちを従え、太刀、弓矢に身を固めて指揮した。

弓矢町の弦召は明治以後も甲冑に身を固めて行列の先頭を警護しており、その伝統は戦後まで続いた。

《日吉山王祇園祭礼図屏風》（サントリー美術館蔵、部分）。当時人気を呼んでいた乗牛風流

乗牛風流

『祇園会山鉾事』には犬神人に続いて「獅子の衆いかにも美々しく候」とあって、獅子舞が行列に加わっていたことが分かる。

清少納言の『枕草子』には「心地よげなるもの」として「御霊会の馬の長、また御霊会のふりはた取り持たる者」が挙げられているが、美々しく装った童を馬に乗せて練り歩いたのが「馬長童《うまおさわらわ》」である。このほか、平安時代には『中右記』大治二（一一二七）年六月十四日条に「祇園御霊会。四方殿上人、馬長、童、巫女、種女、田楽各数百人」とあるように、歩き田楽や巫女などが出たことが知られる。中世にもこれら一種の仮装行列があって、山鉾風流だけでなく、神輿渡御が見物の人気を呼んでいた。

とりわけ異彩を放つのが「乗牛風流《のりうしふりゅう》」である。《祇園祭礼図》には、神輿の行列の先頭付近に、巨大な冠を被って巨大な笏を持ち、両袖に竿を通して左右に張った黒の衣装を羽織って、大きな牛に乗った男の姿が描かれている。三条西実隆の日記『実隆公記』文亀元（一五〇一）年六月十四日条には、「乗牛者、北畠拍子、近所を徘徊す。一見する人々頤《おとがい》を解くなり」といかにも楽しげに書かれている。

神輿輿丁の変遷

現在は中御座を三若神輿会、東御座を四若神輿会、西御座を錦神輿会の三社神輿会が担当し、各々数百人、総勢約二千人の輿丁が三基の神輿を担いでいる。平安時代から続くだけに、神輿の舁き手についても長い歴史と変遷がある。

最も由緒があったのは、摂州今宮神人である。摂津国西成郡今宮村は上町台地の西側低地にあり、古代には大和川の河口域にあった漁村であったが、この地の人々は、平安時代中期には宮内省内膳司に設けられ、天子の日々の食膳を調えた御厨子所の供御人《くごにん》として、日々宮中に鮮魚を奉る役割を担っていた。南北朝時代に中絶したが、後奈良天皇の弘治三（一五五七）年四月十日に綸旨を賜って、以後も年々正月十三日に鮮鯛二尾を庄屋と村年寄が大紋着用で宮中に届ける行事が明治まで続き、地元の今宮戎神社には戦災で焼失するまで「禁裏御用御厨子所御肴物御用」の木札が社宝として伝えられていたという。一帯は現在の大阪市浪速区と西成区にあたるが、この歴史は地元の誇りとするもので、当地の小学校をかつて綸旨を賜った年号にちなんで弘治小学校と名づけたほどであるという。

今宮の供御人は四条通油小路西入の南北に詰所を賜っており、これが祇園社の氏子域にあたることから祇園社の神人となり、祇園会には大宮駕輿丁《かよちょう》と呼ばれて大宮神輿（中御座）を担いだ。今宮神人はこの詰所を拠点に、京中に魚貝を売る特権をもっていたらしく、民間には「今宮の蛤売り」の名が伝わっている。特権を伴ったせいか、神役を勤めるのは今宮村でも定められた家々に限られたもので、『西成区史』によると、寛政元（一七八九）年の時点で今宮神人の家株は百四十五軒であったという。

『祇園社年中行事』には「摂州今宮村、駕輿丁人数百十六人、上京の時、四条油小路、蛭子社前なる井水を汲み、垢離し、祇園に至る。此の時、四条油小路より、神役の輩へ、地ノ口米二斗を送る。又、今宮より、福徳の守札送る」とあり、江戸時代には四条油小路の詰所はなくなっていたようだが、所縁の蛭子社が残されて町内との絆が続いていたものとみられる。

祇園の神役は、江戸時代には所司代の替わるたびに下知があったほどで、今宮神人については多くの記録が伝えられている。

『社家記録』建治四（一二七八）年三月十四日条に「今宮神人一懸送之」とあって、これが文献上の初見とみられる。また同四月十一日条にも「今宮神人一百進之」とあるほか、同延文二（一三五七）年六月十四日条には「今宮駕輿丁五十余人参」とあり、少なくともこの時点で祇園社神輿の駕輿丁となっていたことが確認できる。

『八坂神社文書』には文安二（一四四五）年五月、今宮神人らによる「申状」が残されており、

「そもそも祇園社大宮かよ町は蛤売りと申す」、「右子細は当社開発の神人なり。本座数二十五人」としたうえで、応永二十八（一四二一）年の洪水の際、洛中材木商が架ける決まりだった四条の浮橋が架けられずにいたが、一命を捨てて神輿を渡御させ、在所三町を拝領したとの栄誉を述べ、もめ事について室町幕府の周旋を頼んでいる。

このほか、弘治三年四月十日の後奈良天皇の綸旨に、今宮庄の輩は御厨子所供御人であり、祇園社駕輿丁であるから、「諸役を免除せしめ、公役を専らとさるべき旨」が下知されているのをはじめ、室町幕府の奉行や江戸幕府の京都所司代が同様の命令を繰り返した下知状などが多数記載されている。

ほかの二基については、氏子区域の数町が「神輿轅町」に指定されており、八王子神輿（東御座）は十二か町、少将井神輿（西御座）は六か町が、それぞれに神輿に取りつける轅を出してこれを担ぐ習いだった。『祇園社年中行事』には、「右、轅には承応、又は明暦、享保等の書付これ有り」と記録されている。ところが列立の八王子神輿の箇所には「庸人之を舁く」とあって、轅町の町人は羽織袴で「供奉」している。実は元禄期には、轅町は轅を出すだけで自ら神輿を担ぐことがなくなり、金で雇った傭人に担がせることが常態化していた。

『祇園社記』巻第二十四『天和三年御霊会式定』に所載の元禄八（一六九五）年五月十八日付、祇園社務執行から奉行所宛の口上書では、二基の「駕輿丁役の町」として轅町の名を挙げ、「然るに駕輿丁の儀、尤も傭人に勤めさせ、其の町の面々勝手の所々に神輿を待ち合い居り申し候事に御座候」とし、「その体無礼に見え申し候」と糾弾している。しかし都市住民と化した町衆に力仕事を負わせるのには無理があり、その後は「傭人」だった人たちがもっぱら輿丁となり、やがて神輿渡御の中心となっていった。

八王子神輿は、高瀬川四条の船頭町が頭取となり、材木や荷を運んだ高瀬舟の船頭衆がこれを担った。少将井神輿は、かつて千本三条辺りを流れた西高瀬川の材木集積地であった三条台村の若衆が担当した。現在の三若神輿会の原形である。

船頭町は四条通木屋町下ルで現在は繁華街の一角となっているが、堀川以西の三条を軸に広がった三条台村は、中京区となった現在も千本通に銘木商が建ち並ぶなど往時をしのばせている。

これら神輿の輿丁にも明治維新の変革の波が及んだ。神仏分離で、当初は神祇官から「駕輿丁は白張着用の事」と命じられただけだったが、やがて神社が国家管理となった結果、諸大名における版籍奉還と同じで、社領の一切が召し上げられ、神領民であった神人も神社の手を離れることになったのである。神社の護持や、官祭以外の祭礼奉仕は、定められた氏子区域内の氏子が私的に行うものとされた。祇園祭は氏子の私祭として続けられたが、明治五（一八七二）年一月二十四日には、京都府から「町籍における者へ神人と称し駕輿丁を相勤め候儀、自今差し止むべく候事」とお達しがあり、今宮神人の神役がかなわなくなった。山鉾の寄町がなくなったのと同様に、実質的な担い手ではなくなっていた轅町も、神輿の費用負担など神役からは離れることとなった。輿丁も氏子だけで勤めることとなり、この年から三条台が中御座、西御座の二基を担いでいる。

今宮神人は王政復古の後の慶応四（一八六八）年五月二十七日に、神祇官から「先規に任せ神役を専らにすべく候事」との辞令を受け、課役免除のお墨付きを得たばかりでもあり、従来どおりの奉仕を願い出たが受け入れられなかった。明治十（一八七七）年七月十七日の『社務日誌』には神幸祭について「午後七時出輿。今宮村より大野重友外十二名辛櫃〔干鯛〕にて供奉」とあり、その後も戦前までは、狩衣姿の神職と袢の総代が年々、神輿のお供をしていた。現在も今宮戎神社宮司が神幸祭の神事に参列し、幣帛を奉る形で伝統が続いている。また同神社からは大晦日、八坂神社に鯛が奉納され、八坂神社からは十日戎に先立って一月八日に催される今宮戎神社の献茶祭に、ご神水を奉納する習いになっている。

三条台の輿丁は三条台若中、略して「三若組」を称し、現在の「三若神輿会」に至っている。元来、三条台村の地主が轅町から承り、配下の百姓や浜仲仕の人足たちを動員して神役にあたっており、明治以後も当時の由緒を受け継ぐ十四軒の家系が役員を務める仕来りが残っているという。現在も、三条御供社近くの中京区今新在家西町に会所が置かれている。

船頭町は四条木屋町にあることから、三条の三若になぞらえて「四若組」を称するようになったが、舟運が物流の中心から外れるようになって縮小し、大正九（一九二〇）年に高瀬川の水運が廃止されるに至り、それまで助っ人を頼んでいた三条川東の若松町、若竹町に中心が移って現在の「四若神輿会」に至っている。

三若組はその後、二基を担ぐだけの輿丁が賄えなくなり、壬生村の農家が「壬生組」を称して西御座の輿丁を担当することになった。明治九（一八七六）年六月二十日の『社務日誌』には「十五区区長集会、会議の結果二十四日神輿修復完成に試し舁き、駕輿丁は中御座三条台若中、東御座船頭町若中、西御座壬生村若中」と明記されている。また、明治三十九（一九〇六）年の『八坂誌』記載の当時の列立にも「壬生組」とある。巷間「かつて神輿三基はいずれも三若が担いでいた」、「大正十三年から壬生組が西御座を肩代わりした」といった説があるが、真実は右のとおりである。

壬生もかつては「壬生菜」の名産地として知られた農村だったが、大正七（一九一八）年四月に当時の朱雀野村（明治二十二年に壬生村、西ノ京村、聚楽廻が合併して成立）が下京区に編入したように、戦前から市街化が進んだ。農家の減少とともに舁き手が確保できなくなり、戦後になって錦市場の人々に交代することとなって、昭和二十二（一九四七）年から現在の「錦神輿会」が西御座の担当に就いている。当初はノウハウがなかったため、初代会長の出身地だった縁で、松尾大社の氏子である西京極の川勝寺青年会に応援を頼んだことから、今もお互いの祭を手伝い合う関係が続いているという。

宮本組の起こり

さてそれでは、祇園社のお膝元である祇園町の氏子としての宮本組はいつごろ起こったものだろうか。

八坂神社編『八坂神社』では、明治以後の氏子組織を解説するのに「清々講社と宮本組」の一項を設け、明治八（一八七五）年九月十五日に教部省の認可で設立された二十九学区（当時）からなる清々講社を紹介したうえで、「地元の弥栄学区は古くより宮本組と称し、祇園祭の中でも、神輿洗神事、同用水清祓、神幸祭、還幸祭、神事済奉告祭を受けもっていた。現在も宮本講社と称し、神幸祭・還幸祭に神宝を捧持して供奉する古来の伝統を継承している」と述べている。

先述したように、わずかな門前町を除いて京都郊外の畑地だった場所に、現在につながる花街としての祇園町が築かれたのは、寛文十（一六七〇）年の寛文新堤完成が契機である。神社の記録では、元和年間（一六一五―二四年）から「茶屋衆」の名が見られるというが、南楼門前の二軒茶屋や四条通に面した一角のほかにも、数多くのお茶屋が建てられ、大規模な花街を形成するようになったのは寛文以降のことだ。しかし、元々この地に茶屋営業が公許されたのも、寛文新堤によって町地化した場所に祇園新地が開かれたのも、洛中の人々が参詣する祇園社があったればこそであり、花街としての祇園町が隆盛したのも全て祇園社のおかげだった、ということもできる。

祇園町の住人が日常的に祇園社を心の拠り所とし、崇敬を捧げてきたことはもちろんだが、『祇園会細記』、『祇園社年中行事』などに見られる江戸時代の祇園祭の神輿渡御列には、「祇園町人」の名で、黒羽織袴姿の人々数十人が、それぞれの渡御列の先歩行を勤めていたことが記録されている。『祇園会細記』は宝暦七（一七五七）年の刊本。『祇園社年中行事』は文化十一（一八一四）年の写本だが、本文に「洛東神事記に曰く。但し宝暦年中の記なり」とあって、宝暦年間（一七五一―六四年）の記録と分かる。この「祇園町人」こそが宮本組の直接的な祖であるとみられる。

行列では、祇園社の宮仕が三座の神様それぞれの「御太刀」を掲げて供奉しており、これが明治以後、神職の手を離れて宮本組が奉仕することになり、御弓、御矢など本殿に奉られていたそのほかのご神宝も加えられて、現在の神宝行列の形が整えられたものと考えられる。

問題は「宮本組」の名の起こりである。

『祇園社記』巻第二十三『大政所之記』所載の元和三（一六一七）年六月三日付とみられる御旅所神主から祇園社執行宛の消息には、三か所「宮本」と出てくるが、いずれも御旅所からみて「本社」を指す意味で使われている。また、巻第二十四『天和三年御霊会式定』所載の天和三（一六八三）年閏五月七日付「祇園社御神事ニ付奉願口上書」に、「宮本においては犬神人を始め一組にても社に仕らず、非分仮令の族出候事御座無く候」とあるのは「神社の地元の人々」の意味合いと取れるが、「宮本並びに供奉人示合のため、往反繁く群集を推し分け候時」とあるのは本社の神職の意味合いにみえる。ここでは特定の氏子を指して「宮本」と呼んだことは確認できないが、「お宮の本」の一般名詞として「宮本」の語が使われていたことは分かる。

氏子組織の名称として決定的なのは、八坂神社境内の北向蛭子社の前にある石灯籠で、これは台座部分に「宮本燈明組」と大きく刻まれ、安政四（一八五七）年四月吉日の銘が添えられている。江戸時代も末のことではあるが、祇園町の人々が宮本を称して、氏神様にお灯明を奉るために石灯籠を建立したものとみられる。

現在の宮本組が正式に形づくられたのは明治八（一八七五）年のことで、九月の清々講社創立の後、当時の『社務日誌』に、十一月一日「清々講社宮本組入講式総人数八十五人」、また十二月一日「清々講社宮本組、神饌棚新調、東西の外陣板敷に設ける」と出てくるのが初見である。次いで社務所に提出された「講社人員届」では、「清々講社宮本祇榊《ぎしん》組」として社長杉浦治郎右衞門、取締西川吉兵衛、同小倉佐吉、同横山治兵衛の名を挙げたうえで「社中人員八百五拾貳名」と記している。祇園町人としての奉仕は寛文以来の伝統とみられるが、最終的には氏子区域全体の組織化を受け、学区ごとに組号を冠したときに、江戸時代以来のゆかりから「清々講社第一号宮本組」を称したものだ。

明治時代の神輿渡御の列立を見ると、一連の鎧武者と真榊の次に「清々講社第一号宮本祇榊組」とあり、幸鉾、楽人、神馬に続いて現在同様の神宝行列があって、さらに「清々講社第一号宮本組」と書かれている。現在の列立では同じ位置に「宮本組長旗」と「宮本組旗」とあるので、いずれも組の旗の位置を示しているとみられる。

なぜ組旗が二つあるのかは、当時は江戸時代のとおり、後祭には神輿が下京回りの中御座、東御座と、上京回りの西御座の二手に分かれて渡御したため、神宝行列も二手に分かれ、双方に組旗が必要だったからだろう。その後、三基の神輿が別々に渡御するようになり、神宝行列は前祭も後祭も、まとめて中御座の前に供奉するようになった際、組旗が二つある意味がなくなったため、一方を「組長旗」と称して組頭の馬印の意味合いにしたものと考えられる。

「祇榊組」の意味がよく分からないが、数年前まで使われていた明治以来の組旗は、上部に染め抜かれたご神紋が、一方は唐花木瓜と左三つ巴だったのに対し、もう一方は「祇」の字を円形に図案化したものと唐花木瓜になっていた。「祇榊組」旗の直後に続く幸鉾は、台車に載せて周囲に榊を立てているため、あるいはそれに由来するものかとも思うが、詳細は不明である。八坂神社社務所の記録によると、ほかにも「宮本敬神組」、「宮本神饌組」、「宮本燈明組」の名が見られ、安政の石灯籠に「宮本燈明組」の名が刻まれていることを思うと、宮本組のなかでの何らかの役割分担があったものか、あるいは奉仕する局面によってこれに適した名前を称したものか、などと考えられる。

昭和四（一九二九）年に、学区名は数字ではなく、学校名を冠することになって固有名詞化した。例えば「下京第十五学区」が「弥栄学区」に変わった、という具合である。さらに神社が国家管理を離れて氏子組織も再編された戦後になると、各々の清々講社も組号で呼ぶのではなく、学区名を冠した〇〇清々講社と呼ばれることになったが、宮本組に関しては単独で祇園祭の諸神事を所管する特殊性もあって、「弥栄清々講社」と同時に「宮本組」の名称が併用され、むしろ「宮本組」を正称として使い続けてきた。

八坂神社境内にある石灯籠の台座

少し事情が変わったのは昭和の中ごろである。〇〇組という名前は、例えば江戸時代の京都で町の集まりを町組といい、幕府に大番組や小姓組があり、幕末新設の警察隊が新選組や見廻組を称し、今でも建設会社に大林組

戦前の神幸祭。四条通の一力亭の前辺りに床几を出して休憩している

や熊谷組があるように、古来「組織」や「グループ」を意味する一般的な名詞だが、今では暴力団の代名詞のように捉えられがちだ。歴史的には、侠客の組織は次郎長一家や国定一家のように「一家」を称することが一般的だったが、神戸港の沖仲仕の組織を淵源とする山口組が、広域組織として著名化するにしたがって広がった印象だとみられる。

昭和五十三（一九七八）年七月十一日、折しも祇園祭の真っ最中であったが、三条京阪にあったナイトクラブ「ベラミ」で、山口組三代目の田岡一雄組長が襲撃される「ベラミ事件」が発生し、以後、激化した抗争は、新聞やテレビでも大きく報道されて社会問題化した。従来は、京都の任侠組織には「組」よりも「会」を名乗るほうが多かったようだが、これを機に京都でも「組」といえば暴力団組織との印象が広がることになり、会合一つしようにも「宮本組」と名乗った途端に予約を断られるようなことが出てきたという。

反社会的勢力のように誤解されるのも本意ではないので、宮本組は氏子組織の名称として一般的な「講社」を名乗ることとなって「宮本講社」と改称された。私が入った約三十年前は宮本講社の名前で案内状が届き、当時の組頭である杉浦貴久造さんは「宮本講社社長」の名で呼ばれていた。結果的にはこの間、清々講社と宮本講社が並び称されることになり、一般的な認識のうえでも、宮本組の独立性がより強まったのではないかと思われる。

「宮本組」の旧称に復したのは平成十（一九九八）年を過ぎたころだったか。平成十一（一九九九）年三月から三年にわたって重要文化財八坂神社本殿の大修復が営まれ、舞殿に設けられた仮殿への遷座祭と、修復完了後の本殿遷座祭で、お遷りになる神様のお側近く、ご神宝を捧持してお護りする役割を宮本組が承ったが、その無事斎行を終えて、杉浦さんから先代の今西知夫さんに代替わりしたのを機に、本来の名称に戻したものである。

組の頭も、宮本講社社長から宮本組組長と改称されていたが、これはいまだに街中で「組長！」などと呼ぶと周りの人がぎょっとすることが多く、そもそも訓読みに音読みを重ねる湯桶読みは日本語として変則的でもあるため、近年になって「組頭」を正式名称とすることに改められた。

第四章

祇園町のお祭

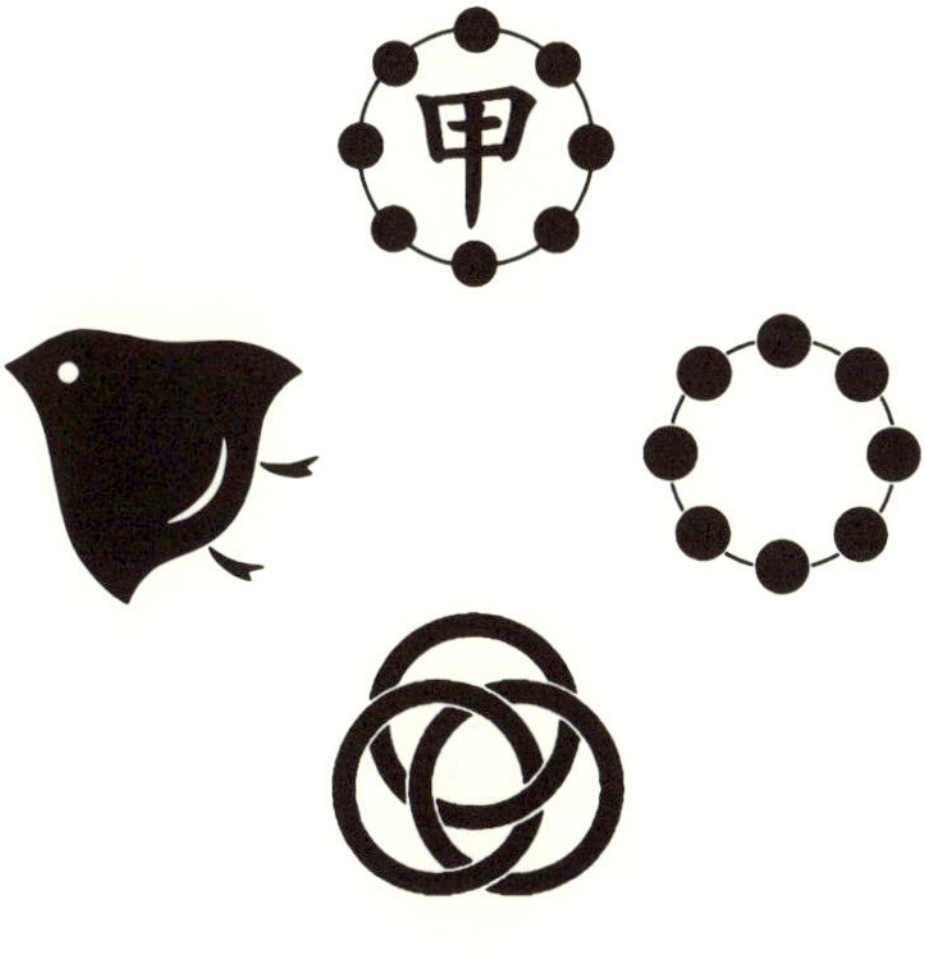

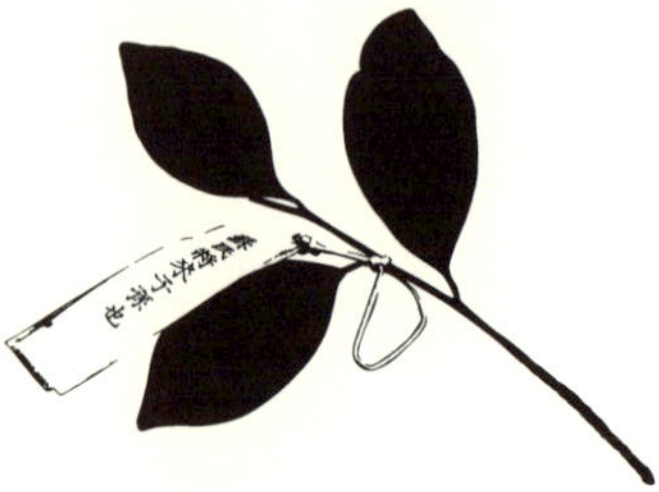
蘇民将来子孫也

神輿にまつわる諸行事

久世駒形稚児

祇園祭のお稚児さんのなかでも、宮本組と関係が深いのは「久世のお稚児さん」だ。南区久世上久世町の綾戸国中神社の氏子から毎年二人が選ばれ、年少者が十七日の神幸祭、年長者が二十四日の還幸祭で、中御座の神輿のお供をする。綾戸国中神社は、綾戸、国中の両神社が戦国時代に併合されたもので、国中神社に素戔嗚尊の荒御魂が祀られている。稚児はご神体である木彫りの駒形を首から提げてお供するため「久世駒形稚児」と呼ばれる。八坂神社のご祭神は素戔嗚尊の和御魂《にぎみたま》であり、荒御魂と一体となって神幸するという理屈だ。

前章に述べたとおり、応仁の乱までは少将井御旅所に駒大夫という神人がいて、神輿渡御に「駒頭」を掛けて供奉していたことが知られる。祇園祭と馬の頭にどんな関係があったのかはよく分からないが、芸能者に見られがちな「大夫」の名や、馬の頭をつけた竿竹に跨がって祝言を述べる門付芸の「春駒」などから類推すれば、初めは歩き田楽などと同様に行列を寿ぐ雑芸の一種であった、とも考えられる。ご祭神の牛頭天王は、中世の文書には「午頭天王」と書かれた例も多く、午《うま》の頭だから駒頭がご神体になった、という可能性もある。

駒大夫の不始末によって祇園社に保管が移った駒頭がその後どうなったのかは定かではないが、これが何らかのかたちで上久世の国中社のご神体となり、久世から駒形稚児が出ることになった

昭和初期の神輿渡御の写真から（以下同）。本殿の前で騎馬に跨がる久世駒形稚児

ものだと考えられている。久世の駒形としては、『八坂神社文書』に収録される元禄七（一六九四）年九月十二日付「上久世駒形神人松井五左衛門証文」が、文献上の初見である。

江戸時代の祭礼を描いた史料には、いずれも「午頭児《ごずのちご》」、「駒形児」が描かれており、室町期の少将井神輿（西御座）ではなく、大宮神輿（中御座）と八王子神輿（東御座）の前を供奉するようになっている。駒形は国中社のご神体のはずだが、稚児の前を歩く神職には「綾戸神主《あやとのかんぬし》」と書かれているのも特徴的だ。

国中社は『延喜式』神名帳に乙訓郡十九座の一つとして挙げられた「国中神社」とみられ、元は北へ五百メートルほど離れた蔵王の杜（現在の光福寺蔵王堂）にあって、中世には「牛頭天王社」と呼ばれたが、社伝によると戦国時代に綾戸社の境内に遷されたとされている。祇園祭に奉仕するのは国中社の所縁だが、神社としては元来が綾戸社であるため、「綾戸神主」と呼ばれたものだろう。

江戸時代には真夏に約八キロ離れた上久世から馬に揺られて祇園に来ていたため、口さがない京童が化粧の崩れた女性をからかうときに「久世のお稚児さんみたいや」といった、というイケズな言い伝えが残っている。今はもちろんそんなことはない。室町の面目にかけて贅を凝らした衣装の長刀鉾の稚児が目を引くのは確かだが、白馬に跨がり、たくさんの紙垂をつけた駒形を胸に神輿のお供をする久世稚児の姿は、神輿渡御列の華である。さらにいうなら、鉾の稚児が「神様の憑坐」であるのに対し、久世稚児は「ご神体そのもの」で格上だ。「皇族下馬下乗」の八坂神社境内に、馬に乗ったまま参入できるのは久世稚児だけである。

神幸祭では、神輿の出御直前の喧噪に包まれるなか、騎馬の久世稚児と綾戸国中神社宮司、氏子の一行が南楼門から入り、舞殿を三周して本殿に上がり、神事が始まる。

普段は真っ先に来て宮本組を差配する原組頭は、この日に限り神事の直前に滑り込みで昇殿する。これは江戸時代から、四条通の原家が久世稚児の休息所としてお世話役を引き受けている関係だ。久世の一行は車で原家に到着すると、いったん床の間に駒形を祀って拝礼し、騎馬の行粧を調えて八坂神社へ向かう。お稚児さんは神事を終えて出発した後、神輿が石段下で出発式を行う間は、四条花見小路の一力亭で休息する。こうした表に見えない部分にまで、さまざまな由緒や来歴があるのが祇園祭のゆかしさである。

神幸祭で金の大鳥帽子をかぶって騎馬で進む弦召の大将

弦召と弓矢町武具飾り

中世の「棒ノ衆」、「法師武者」に由来する六原弓矢町の「弦召」は、明治以後も甲冑に身を固めた武者行列の形で神輿渡御の行列を警護する習わしとなり、六原学区として「清々講社第二号弓矢組」を称して、還幸祭は昭和四十一（一九六六）年、神幸祭は昭和四十九（一九七四）年まで、神輿渡御に奉仕していた。

甲冑の損傷や高齢化、経済的負担が原因となって撤退を余儀なくされたが、その後は「弓矢町武具飾り」の名で、七月十五日から十七日の三日間、町内の各家で往時の甲冑を飾る「居祭」を続けている。

現存する甲冑や写真資料などによれば、緋威金小札の鎧に白地の陣羽織を着し、金の大烏帽子を被った騎馬の大将を筆頭に、引立烏帽子の御使者番二人や「愛宕印」、「福印」、

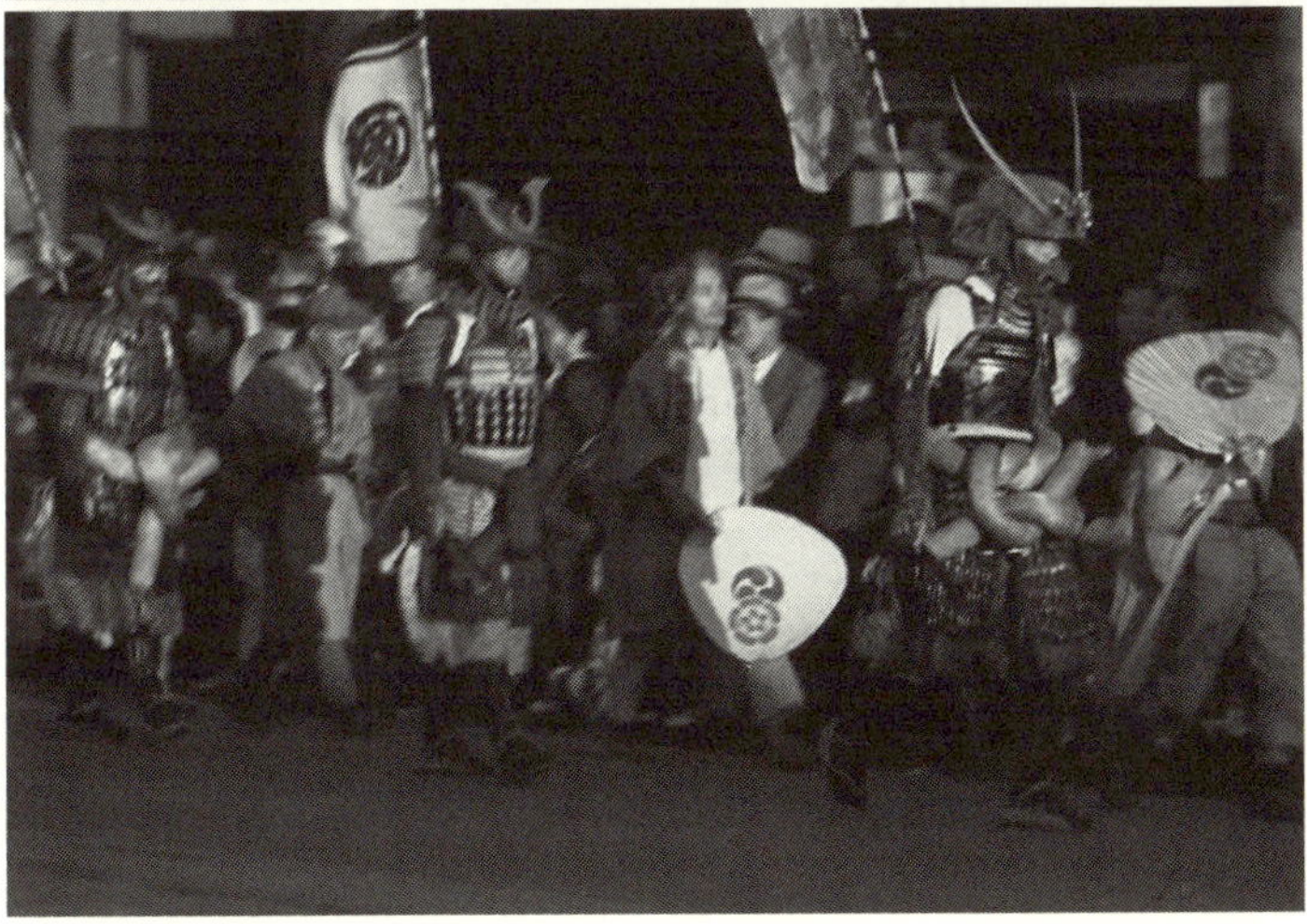

上：二人並んで歩く引立烏帽子の御使者番。極太の胴帯が目立つ。下：甲冑に身を包んで供奉する六原弓矢町の弦召たち

弦召の流れを汲んで宮本組が復活した騎馬武者

「仁印」などの合印を持つ十数人の鎧武者が出たもので、腰に直径十五センチはあろうかという綿入れ縮緬の巨大な胴帯を結んでいるのが特徴的だ。

平成六（一九九四）年の平安建都千二百年を機に復活の話があったが、弓矢町では受けられず、宮本組が神幸祭に三騎の騎馬武者を復活するかたちで現在に至っている。

私も平成十七（二〇〇五）年に一度だけ、騎馬武者を担当させてもらったことがある。馬は、さまざまな祭礼だけでなく、時代劇の撮影でも活躍している北区上賀茂の岸本乗馬センターから派遣されてくるもので、私が乗せてもらった白馬は当時、「暴れん坊将軍」で松平健さんが乗っているという名馬だった。馬に乗ると視点が高くなり、景色がまるで違って見えるうえ、慣れてくると馬の動きと体の揺れが一体化してきて無性に心地よくなる。

大勢の観衆の注目を浴びながら大通りを進むのは実に爽快だった。人数が限られていることもあり、宮本組のなかでも、騎馬武者は人気の的である。

弓矢町としての行列復帰には、費用負担と人的負担という大きなハードルがあるが、町内の若手には、復帰を模索する声も上がっているという。近年は八坂神社常磐新殿で武具を展示したり、下京区の京都産業大学ギャラリーで企画展が開かれたりするなど、弦召への注目も高まっており、同じ祭に携わる氏子の一員として、復活の機運が高まることを祈っている。

お迎え提灯

七月十日の神輿洗には、「お迎え提灯」が出て神輿の出御を迎えている。八坂神社境内に献灯する祇園万灯会が奉仕する行列だ。「おむかえ」と大書した大提灯を先頭に、児武者や小町踊、鷺踊、赤熊《しゃぐま》、馬長児、祇園音頭など、いずれも子供たちを主役としたご奉仕である。万灯会の飾り提灯が十数基出るほか、毎年交代で山鉾町の祇園囃子も出ている。

午後四時半に祇園石段下を出発した行列は、四条通、河原町通を通って市役所前でそれぞれの舞踊を披露。徒歩の子供たちは、揃いの浴衣姿の母親が手を引き、寺町通を南下する帰路はそれぞれ提灯を持って歩いて、ちょうど道調べの大松明が四条大橋へ向かうころに祇園へ帰り着く段取りになっている。神輿が舞殿に納まった午後九時ごろからは、境内の能舞台で奉納舞踊が行われる。

宝永年間（一七〇四―一一年）刊行とみられる江戸時代中期の京都地誌『花洛細見図』第六巻

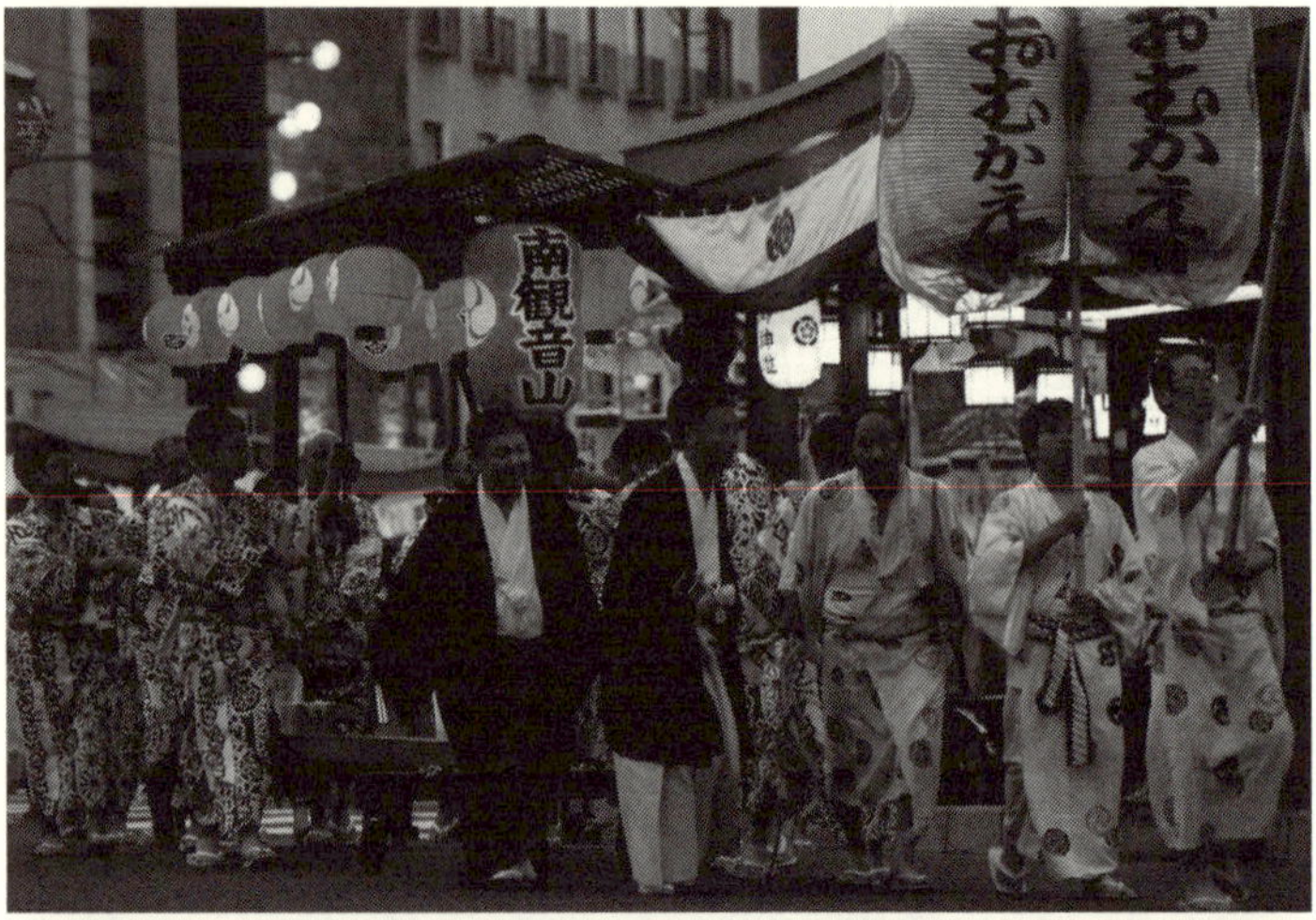

上：「おむかえ」の大提灯に続いて南観音山の囃子方が進む。下：母親に手を引かれて歩く赤熊の子供たち

『花洛細見図』に描かれたお迎え提灯

には《みこしはらひ》の一図があり、上部には「五月晦日の夜、みこし一社、大和大路迄出し奉り、水をそそぐ」と説明がつけられているが、描かれているのは神輿の行列ではなく、浴衣の尻をはしょり、袖をまくった若衆たちが、手に手に竿竹の先に趣向を凝らした変わり提灯を掲げて練り歩く姿である。提灯は、「諸白」と書いた台に角樽を載せたものや、「角行」の将棋駒、鳥居形、「牛頭天王」と書いた扁額、鶏が載った太鼓などさまざまだ。

『祇園社年中行事』には「氏子或は諸願の人々、又は芝居の役者より、提灯数多持来る」、「今は、此事絶たり。故に、松明を以て神事す」と書かれている。これはそもそも、寛文年間から隆盛した祇園町の人々が「地元の祭」である神輿洗に花を添えた習俗であり、芝居町に住んだ役者たちも各々の紋提灯を灯して加わって評判を呼んだ。ここには「絶えた」とあるが、明治半ばまでは祇園

上：四条大橋での神事を終えて神輿が戻る際、お迎え提灯の子供たちが西楼門前に並んで出迎える。下：神事を終えた後、能舞台で奉納される小町踊

お迎え提灯の原形を復活するかたちで平成29年から始まった祝い提灯

の町々から華やかな提灯を出す風習が続いていたともいわれている。

境内に提灯を掲げて献灯するために、円山周辺の料亭などを中心に祇園万灯会が組織されたのは昭和二十五（一九五〇）年。やがて郷土史家、田中緑紅の考証により、昭和二十七（一九五二）年に風流行事として復活したのが現在のお迎え提灯である。

祝い提灯

祇園万灯会のお迎え提灯だけでなく、実は今では変わり提灯も復活している。祇園甲部のお茶屋「美の八重」のご主人で宮本組役員、京都産業大学特別客員研究員を務める坂田憲治さんが、『花洛細見図』の絵図に触発されて周囲に声をかけて企画。平成二十九（二〇一七）年から祇園町の氏子で、名前も新たに「祝い提灯」を出しているのだ。

十日にはお迎え提灯があることから、二十八日の実施とし、同年には徳利や打出の小槌、亀、金魚、舞妓さんの履くおこぼ（木履）など七基が用意されて、神輿の後ろについて四条通を練り歩いた。愛嬌たっぷりのお多福などもあって話題となり、見物人からも好評だったことから、翌年には宮本組幹事の秋山敏郎さんを社長として「祝い提灯講社」を結成し、規模を拡大。約三十基の提灯が準備されており、今後本格的に祭を盛り上げる計画になっている。

宵宮神賑奉納

「はじめに」にも書いたように、宵山には四条通が堀川から八坂神社まで、車両の通行が規制されて歩行者天国になるが、かつては神社にお参りしてもこれといった賑わいがなく、夜店を期待してやって来た観光客から「祇園では祇園祭やってないんですか？」といわれる始末だった。

祭の中心となるべき神社のお膝元がこれでは寂しいということで、地元の祇園商店街が主催して、平成の初頭から始めたのが「宵宮神賑《しんしん》奉納」である。神様の御霊を慰めて悪疫退散を祈るという風流行事の本質を再確認する意味合いで、七月十六日の夜、四条通に舞台を特設してさまざまな歌舞の奉納が行われている。

弥栄雅楽会による舞楽をはじめ、祇園甲部の芸舞妓による京舞、お迎え提灯でも奉納された祇園万灯会の鷺踊や祇園祭音頭、このほかにも獅子舞や祇園太鼓など、バラエティー豊かな伝統芸能の舞台が続く。午後六時に始まる奉納は九時ごろまで続き、黒山の人だかりで賑わっている。

十年ほど前からは、十五日にも「宵宮神賑奉納前夜祭」が開かれている。こちらは三味線や篠

上：四条通特設舞台で弥栄雅楽会による舞楽が奉納される。下：祇園甲部の舞妓による京舞

笛、ライブペインティングなど、祇園町衆の「お好み芸能」と称してぐっと親しみやすい内容だ。路上の二か所にスクリーンを立て、自主制作作品や昔のニュース映像などを上映する「祇園天幕映画祭」も人気を呼んでいる。四条通の真ん中にはビアカウンターが特設され、芸舞妓さんのサービスするビアガーデンが出現するのもお祭ムードを盛り上げている。宮本組の役員も、宵宮祭の「お神霊遷し」に参列した後で、喝いたのどを潤すのが恒例になっている。

上：祇園万灯会による鷺踊。下：前夜祭ではビアカウンターが人気を呼んでいる

全国祇園祭山笠巡行

牛頭天王信仰や祇園御霊会の全国的な広がりを語るうえで、特筆しなければならないのが平成六（一九九四）年、平安建都千二百年祭にあたって、祇園祭の後祭に行われた「全国祇園祭山笠巡行」である。

三代前の高原美忠宮司が編者となり、退任後の昭和五十二（一九七七）年に出版された『素戔嗚尊奉祀神社の調査』によると、旧官国幣社二百十八社のうち素戔嗚尊を祀る神社は、八坂神社をはじめ氷川神社、熱田神宮、津島神社、熊野本宮大社、日御碕神社など十三社を数える。そのほかの神社では、明治末年の調査に基づいた統計で、全国十四万六千九百七十五社のうち一万四千百三十五社に素戔嗚尊が奉斎されている。神社全体の約一割にあたる計算だ。疫病や災厄を防ぐ牛頭天王が広く信仰されたことが、数字のうえでも明らかになっているわけである。

これらの神社では当然、土地ごとにさまざまな祭が行われ、それぞれの地域に文化を築いている。形は違っても、祇園祭と同じ趣旨で、同じ神様を祀って行われているわけだ。またほかの神様をお祀りする神社でも、祇園祭の山鉾が伝播するかたちで、祭に山笠や屋台を出す例が少なくない。建都千二百年の好機に、これらの神様に本家の八坂神社に里帰りしていただいて、全国の祇園祭を結集できないか。皇學館大学教授を歴任した神道学の権威でもある、当時の真弓常忠宮司の前代未聞のアイデアだった。八坂神社の呼び掛けに応じて、各地から集まった十六の祭の曳山、屋台、山笠が七月二十三日に祇園石段下から川端までの四条通と、八坂神社境内、円山公園に建ち並び、翌二十四日には都大路を練り歩いた。

平成６年、平安建都1200年を記念して開かれた全国祇園祭山笠巡行。宵山に黒山の人だかり

宵山には十六万三千人、午前十時に四条川端を出発して河原町通を通り、御池の市役所前までの約一・五キロを練り歩いた巡行には、五万八千人の見物人が集まった（京都府警調べ）。空前の賑わいは建都千二百年祭の目玉行事にもなり、今でも「あのときはすごかった」と語りぐさになっている。

参加したのは、二十四日の巡行順に、小倉祇園太鼓（福岡県北九州市小倉区・八坂神社）、大池舞殿祭（長野県山形村・大池諏訪神社）、熊谷うちわ祭（埼玉県熊谷市・八坂神社）、犬山祭（愛知県犬山市・針綱神社）、角館まつり（秋田県角館町・神明社）、遠州横須賀三熊野神社大祭（静岡県大須賀町・三熊野神社）、川越祭（埼玉県川越市・川越氷川神社）、牛窓祭（岡山県牛窓町・牛窓神社）、小松お旅祭（石川県小松市・菟橋神社、本折日吉神社）、日立風流物（茨城県日立市・神峰神社）、日田祇園祭

（大分県日田市・豆田八阪神社、隈八坂神社、竹田若宮神社）、花巻まつり（岩手県花巻市・鳥谷崎神社）、足助祭（愛知県足助町・足助八幡宮）、加悦谷祭（京都府加悦町、野田川町・地域の三十八神社）、博多祇園山笠（福岡市博多区・櫛田神社）、高山祭（岐阜県高山市・日枝神社、桜山八幡宮）の各祭である（市町村名はいずれも当時）。

高山祭は屋台を解体して輸送できなかったため、「石橋台《しゃっきょうたい》」のからくり人形が参加して、宵山に境内で披露した。小松お旅祭は曳山の上で演じる子供歌舞伎が特徴だが、宵山では「忠臣蔵」七段目「祇園一力茶屋の場」を本家の一力亭の前で演じて喝采を浴びた。巡行の先頭を進んだ小倉祇園太鼓は、トラックの荷台を舞台にして映画『無法松の一生』で有名な「あばれ打ち」や「みだれ打ち」を披露。しんがりの博多祇園山笠は「オイッサ、オイッサ」の掛け声も勇ましく、締め込み姿の若衆約五百人が「勢《きお》い水」を浴びながら総重量一トンに及ぶ山笠を担いで疾走し、沿道から盛んに拍手が送られた。

各参加団体には実行委員会から総額一億円強の経費が提供されたが、一団体あたりでは一千万円に満たず、輸送費でほぼ費やされる。参加者の旅費交通費は、ほとんどが手弁当で賄われた。真弓宮司の著書『祇園信仰』によると、各地の意気込みは大変なもので、真っ先に参加の電話をかけてきた博多祇園山笠の会長は、「京都の荒巻知事は福岡県出身じゃけん行かんばいかんとでしょう。費用は出せるだけ出してくれりゃ、あとはこちらで持ちますけん」と言ってくれた、とある。

真弓宮司は「各団体とも、やはり、京都の祇園さんに里帰り、一千二百年の行事に参加するん

上：四条河原町で辻回しを披露する愛知「足助祭」の山車。下：勢い水を浴びながら疾走する福岡「博多祇園山笠」。かき山笠「飛燕牛若丸」は京都での巡行のために新調された

だということで、呼びかけに応えてくれたのでした。いずれも、八坂神社と同祭神または関連ある神社、祇園祭の伝わったところでした。根本は祇園さんに対する共通の連帯感、連帯意識であります」と感動をもって綴っておられる。

宮本組今昔

祇園さんの紋と胡瓜

八坂神社のご神紋は「唐花木瓜」と「左三つ巴」で、社殿は二つの紋をあしらった豪華な錺金具で飾られている。「唐花木瓜」は木瓜紋の一種で、横木瓜や竪木瓜の花弁が四つであるのに対し、五つあることから「五《ご》瓜《か》に唐花」といわれる。織田信長の家紋として有名な紋だ。

本来は瓜《か》ではなく窠《か》で、鳥が地上につくる巣をデザインして唐代の官服などに用いられた文様である。日本でも束帯の表袴《うえのはかま》や十二単の裳などには、「窠に霰」文が織り出されるのが一般的だ。御簾の帽額《もこう》、つまり長押に取りつける部分の横布に描かれていることからモッコウ紋と呼ばれるようになり、ウリの断面に似ていることもあって「木瓜」の字が宛てられるようになったとされている。

唐花木瓜紋と左三つ巴紋

俗習としてこのごろよくいわれるのが、「祇園さんの紋は胡瓜やから、お祭の間は胡瓜を食べたらあかん」という話だ。女所帯に育ったせいか、私が子供の時分には聞いたことがなく、七月は旬でもあるから、鱧皮と胡瓜の酢の物や、京都人の常食である糠漬けの胡瓜などは、お祭の時期にも食膳に上っていた。元々が鳥の巣だったのであれば、根拠のない俗説というほかないが、「似ている」ものまで大事にしようという気持ちが信心だといわれれば、たしかにそのとおりである。

博多祇園山笠の行われる福岡などでは厳しく言われているとも聞くので、私はそうした情報が逆輸入されて、京都でも定着してきたものではないかと推測している。宮本組でも最近は「食べたらあかんで」と言われるが、みんなで入った店で出てきたりすると、輪切りでなく「割ってあったらかまへんやろ」と融通をきかせるところが花街らしい柔軟なところである。

宮本組は祇園守紋

二つのご神紋のほかに、八坂神社にまつわる紋として「祇園守」が知られている。各学区の清々講社では唐花木瓜が使われるケースが多いが、宮本組では祇園守を使用しており、氏子のなかでは宮本組の専用紋のように扱われている。

昔の祇園社のお守をデザインしたものとされ、懸け守とみられる二つの経巻をX字に組み合わせ、その巻緒が銀杏の葉のような形に大きく広がった特異な図案になっている。役者の成駒屋中村歌右衛門家の定紋は、巻緒の形を変えた「変わり祇園守」だ。

経巻の部分は元々は筒であったとされ、中世にこうしたお守が祇園社から出されていたのかは分からないため、由緒不明の紋ともいわれる。巻緒の上部が「蛇に見える」などといって、まことしやかに怪しげな由緒を語る人もあるが、たしかに見れば見るほど不思議な紋である。お守の部分が十字に見えることから、切支丹禁令の後に、十字架を仮託してつくられたという説もある。

松浦静山『甲子夜話』には、この紋を用いる鳥取池田家支藩の松平冠山から「由緒は詳らかではないが、天王より拝領した紋と伝わっている。世上には祇園守紋というが、恐らく十字架だろう。天王の「王」は「主」の字であったかもしれない」と聞いた、という話が紹介され、天主教の「天主」を牛頭天王の「天王」になぞらえたために祇園守と呼ばれるようになった、という説になっている。

各地の祇園社、八坂神社ではこの紋を使う例もあるが、本家の八坂神社ではこれまでに使用された形跡がなく、謎に包まれた紋である。宮本組も昔からこの紋を使っていたわけではなく、戦前につくられた扇子などには唐花木瓜と左三つ巴を使用しているが、ご神紋を遠慮する意味合いもあり、先々代組頭の杉浦貴久造さんが「祇園さんを守る、と書くんやから、宮本組にぴったりやないか」といって採用したと聞いている。今では扇子や奉賛札はもちろん、印籠からTシャツにまでこの紋があしらわれ、宮本組の紋としてすっかり定着している祇園守紋である。

祇園守紋

幔幕と提灯

一日の吉符入から三十一日の疫神社夏越祭までのちょうど一か月間が

宮本組の馬乗提灯。「神宝」の字が見える

祇園祭の期間だが、ここには準備期間なども含まれており、神事の期間は、前の神輿洗から後の神輿洗までとされている。八坂神社でも、十日から二十八日の間を神事期間とされ、本殿は白麻の幔幕を掲げて晴れの装いが施される。二十九日に神事済奉告祭が執り行われるのもそれゆえだ。

この幔幕は晴れのため、ご神紋ではなく皇室の「十六菊」紋が染め抜かれている。現在の幔幕は平成十八（二〇〇六）年に宮本組が奉納したものである。なお、正月には紫縮緬の幔幕が掲げられている。

氏子の各家もこの期間、門前に提灯を掲げて献灯し、家紋を染め抜いた幔幕を張って晴れの装いとする習慣だ。このごろ街中の商店街などでは、七月に入った途端にこれ見よがしに提灯を飾る店も見受けられ、あるいは大阪の私鉄の駅で祇園囃子が流されたりするのにも閉口している。氏子としては、お祭ムードを商売に利用するのでなく、あくまで神様にご奉仕し、祈りを捧げる気持ちが第一であって、商売繁盛などはその余禄に過ぎない、という感覚が当たり前だからだ。

さすが地元の祇園商店街は「八坂神社参道」を掲げるだけあって、十日と二十九日の早朝に作業員が出てこの期間のみアーケードの幔幕や提灯を飾ることにしており、晴れと褻《け》の区別を明確にしている。

氏子の各家が掲げる提灯には「献灯」、「御神灯」、「昭明」などと書かれており、地域ごとに大きさやデザインが異なるのが面白い。山鉾町の界隈では、下に町の頭文字が入っていたりして、通りを曲がるたびに違う提灯を見ることができる。

祇園町で用いられる提灯は、正面に篆書で「奉灯」と書かれ、左に黒で唐花木瓜、右に朱で左三つ巴のご神紋が入った瀟洒なデザインだ。下の方に朱色で祇園の「つなぎ団子」の帯が描かれているのが、いかにも花街らしい華やかさで気に入っている。

これらの提灯をほぼ一手に担っているのが、下京区柳馬場通綾小路下ルの奥川提灯店である。六、七月は各町や家々から注文が相次ぎ、店中に種々さまざまな提灯を広げて作業しておられる。我が家の提灯も傷んでしまったので近年新調したのだが、家の場所を伝えるだけで、決まったデザインのものが三日で仕上がってきたのに驚いた。神輿洗や神輿渡御の際に手にする馬乗提灯も、こちらのお世話になっている。バリエーション豊富な提灯を全て把握している職人の仕事に舌を巻くとともに、今の時代にこんなお店が市井にある京都の文化的な豊かさを痛感する話でもある。

祇園の旦那衆

新聞やテレビ、雑誌などのメディアに宮本組が登場する際、「祇園の旦那衆でつくる氏子組織」と紹介されることがある。たしかに、組頭の原悟さんは香煎や黒七味で有名な「原了郭」の十三代目当主で正真正銘の老舗の「旦那」さんだ。先代の今西知夫さんは菓子司「鍵善良房」、先々

7月1日の吉符入を前に本殿西ノ間に参集した宮本組の役員たち

代の杉浦貴久造さんは一力亭の分家「万治」のご当主だったし、先年亡くなった元副頭の霜降茂夫さんは椿油や髪飾りの「かづら清老舗」のご主人だった。

現在の役員でも、履物「ヽや《ちょぼ》」の櫻井功一さん、食料品「藤村屋」の一浦靖博さん、貴金属「林泉楽堂」の林邦臣さんという三人の副頭をはじめとして、宇治茶「祇園辻利」の三好正晃さん、祇園甲部「美の八重」の坂田憲治さん、「鍵善」当代の今西善也さん、和風照明「三浦照明」の三浦太輔さん、祇園東「中勇」の中西三郎さん、呉服「ゑり萬」の永田一郎さんなど、祇園の名店や老舗、お茶屋の「お主人《とう》さん」たちが名を連ねている。組員にはほかにも、祇園商店街理事長で寿司「いづ重」の北村典生さん、「かづら清」当代の霜降太介さん、いもぼう「平野家本家」の北村晋一さん、寿司「いづう」の佐々木勝悟さん、「二軒茶屋中村楼」の辻喜彦さん、ハンドバッグ「香鳥屋」の橋本昌治さん、鰊蕎麦「松葉」の松野博さん、広東料理「翠雲苑」の太田隼一さん、餅「祇園鳴海屋」の前出祥人さんら、名代のお店の継承者たちがいる。

新入りの組員の挨拶で、名前を聞いても誰も分からないが、「○○の息子です」と屋号を言った途端にみんなが「ああ」と納得するようなことも多く、昔は「美濃幸さん」、「連峯堂はん」などと屋号で呼び合っている先輩たちもいた。

一方、杉浦さんの娘婿という縁で古くからご奉仕してきた山科の洋菓子の老舗「カトレア」オーナーパティシエ、北尾茂人さんを筆頭に、清水清々講社の役員でもある二年坂の御所人形作家、五世島田耕園さん、奥さんが和装小物「井澤屋」社長の石井文康さん、縄手通のバー「STAY」マスターの小川勝さんら、祇園町出身者以外からも役員が輩出している。北尾さんは杉浦さんの没後、文久元（一八六一）年創業の薪炭商に始まる「万治」を受け継いでいるから、今は祇園の旦那衆の一人でもある。

もっとも祇園町といっても商家ばかりではなく、勤め人の組員も少なくない。私の家は明治から五代続いた祇園東では老舗の部類のお茶屋だったが、母の代で廃業している。家業の当主になり損なった私は、四十代半ばの今もご近所では「澤木さんのお兄ちゃん」とか「息子はん」と部屋住み扱いで、「旦那衆」とはほど遠い一サラリーマンに過ぎない。昔々は持ち家の当主でないと入れない不文律があったような話も聞くが、戦前レベルの古い話であり、近年は組員の紹介で新たに参入した学区外の住民も半数近くになっているはずだ。

かく申す私自身も、祇園の家には母がいるだけで中京区のマンション住まいであり、「旦那衆」はもちろん「祇園の」も怪しいところである。ただ、全ての組員が祇園町や宮本組との縁を大切にし、先祖以来の祭を守り伝えようという心意気に燃えていることだけは間違いない。

ゾウショウとジュンコさん

祇園町という、いろいろな意味で特殊な地域に生まれ育っただけあって、宮本組には実に個性的な顔触れが多く、誠に百花繚乱、多士済々といえるが、鬼籍に入られた後になっても語りぐさになっている、という点では、「ゾウショウ」こと杉浦貴久造さんと「ジュンコさん」こと三好閏三さんにとどめを刺すだろう。

貴久造さんは先述したとおり、一力亭の分家「万治」当主で宮本組の組頭を昭和五十五（一九八〇）年から二十二年にわたって務めたのをはじめ、自治連合会などでもさまざまな役を歴任した祇園の顔役的存在だった。由緒や故実に詳しく、聞けば何でも訳知り顔で教えてくれるので、昔なじみの芸妓さんたちがつけたニックネームが、「宗匠」と「貴久造」をもじった「ゾウショウ」である。そういえば七月一日の神宝籤取の後の祝宴でも、「昔はこういう祝いの席では、梅椀ちゅうもんを食べるもんやったんや」と言って、料理とは別にご自分の奢りで取り寄せて、何年かにわたって、梅花にちなんで五種類の椀種が入った吸物を振る舞ってくれたものだった。

京都の人間といえば婉曲的にものを言い、本音は陰でこっそり、というイケズなイメージが一般的だろうが、気に入らんものは「気に入らん」、好かん人には「好かん」とはっきり仰るタイプ。普段は優しく気遣いの人なのに、何かあったら直情径行、という性格だからエピソードには事欠かない。お祭のときでも、交通規制をめぐって警察官とやり合っているのなどは、私などでもしばしば目にしたが、もっと昔には、事前の申し合わせに反して行列の途中で遮断機を下ろしてきたので、京阪電車の踏切に仁王立ちになって電車を止めた、という、嘘か真か分からない逸話も伝わっている。

かなり晩年のことだったが、うちの家の表でばったり出くわしたところ、ばつが悪そうにもじもじしながら、「いやあ、アンタとこのお母ちゃんがナ、こないだチョコレートくれはったさかいにちょっとナ」なんて言うから何事かと思えば、結局ホワイトデーのお返しを持ってきてくれたのだった、などというちょっと可愛らしいところもあった。

貴久造さんの跡は娘婿の北尾茂人さんが継承し、以前から宮本組の役員も務めている。現在は西花見小路の住まいを改装して娘の貴代子さんが開いた「万治カフェ」が人気で、北尾さんの本業の洋菓子「カトレア」とコラボレーションした手作りスイーツが評判を呼んでいる。

一方の三好閏三さんは、縄手通の鰻の老舗「ぎおん梅の井」の三代目ご主人だった。長年、宮本組の役員を務めたが、私はご奉仕して二年目か三年目に、まだ当時は神宝組にいた閏三さんと一緒にお宝を持たせてもらったことがあり、古いなじみということでずいぶん可愛がってもらったものだった。

鰻屋といっても、凝った座敷があって本格的な懐石も出し、ご主人の閏三さんは調理場に立つのではなく、着物を着て帳場で座っている、という感じのお店である。小唄の名手として知られ、茶人でもあり、富永町のお茶屋「富美代」さんを借り切って開いた夏のお茶会では、亭主の閏三さんが襖を開けた瞬間に、別の間から「シャン！」と長刀鉾の祇園囃子が響き出す、という趣向で、評判を呼んだ。

「ジュンコさん」の名はもちろん閏三さんの「閏」によるものだが、祇園の春の風物詩「都をどり」に由来するエピソードがある。都をどりはもちろん、芸舞妓による井上流の舞が主眼だが、裏千家十一世玄々斎考案による立礼式の元祖として知られ、芸妓が日替わりでお点前を務める茶席も名物だ。観光客も列をなすが、旦那衆も通い詰める。今ではそんな洒落た遊びは見られないが、かつては「一服盛る」とかいって、芸妓衆がなじみ客の薄茶にブランデーを仕込んで驚かしたりすることもあった。

ある年のお茶席で、妙齢の女性客がためらいなく正客の席についた。お点前の芸妓さんは「もしや名のあるお茶人さんでは」とドキドキ。すると、澄まして薄茶を飲み終えた女性が、いきなり自分の前髪をつかんでズルッ！　現れたのは閏三さんで、一服盛られた仕返しに、かつらで女装して報復に及んだというわけだ。目の前でお点前をしていた芸妓さんの驚くまいことか。おかげで「ジュンコさん」の名前は一夜にして祇園中に広まった、という。

お茶屋の女将さんから武勇伝を聞き込んだ私が、宴席で「姉さん！」と呼ぶと、ニヤリと笑って着物の裾を左褄にはしょり、「ほんまにこの子はしょうもないこと覚えてしもてからに」とぼやきながら、芸妓さんの振りでお酌をしてくれたりした。

破天荒な行動も粋な遊びも、今のような世の中だったら「不謹慎」と炎上しかねないエピソー

青稲をつけて渡御する中御座神輿

ドではある。宮本組のご奉仕は平成が過ぎ、令和の御代を迎えても変わることはないが、何かにつけて余裕のあった昭和の時代が懐かしい気がする。

御田祭と神輿の青稲

神輿渡御の際、それぞれの神輿には屋根の上に、一束の青稲が取りつけられることになっている。

中御座と西御座は鳳輦を象って屋根に鳳凰が、東御座と東若御座は葱花輦を象って屋根に擬宝珠があるが、その部分に朱色の組紐でくくりつけられるのだ。擬宝珠はともかく、鳳凰は口元につけられるので「稲をくわえたはる」と話題になることもある。『祇園会細記』にも「鵜鳥《うちよう》稲之事」の一項があり、「神輿鵜鳥に稲の登《みのり》たるをくはへさせる事有」とあって、江戸時代からすでに話題になってい

毎年５月に行われる御田祭では早乙女の手で苗が植えられる

たようだ。

　同書には続けて「此米のはやきは、近江のしのはらより来るといふ」とあり、当時は近江の野洲郡篠原村（現在の滋賀県野洲市南東部）から稲が届けられていたようだ。明治五（一八七二）年一月二十九日の『社務日誌』には「江州神人組頭臼井久内来社、今宮村同様、今般滋賀御庁より神勤を免ずるの達ありし由」とあり、あるいはこれが篠原の神人を意味するのかもしれない。その後どこの稲が使われるようになったのか分からないが、大正時代の古写真を見ても取りつけられているから続いていたようだ。

　戦後の一時期は、三若組関係者の田から献納されていたというが、昭和四十五（一九七〇）年に八坂神社の分社、尾長野八坂神社のある京丹波町下山に神饌田が設けられて、当地で育てられた稲が地元の人々の手で、七月十六日と二十三日の神輿渡御前日に届けられている。

『祇園会細記』には「登たる」とあり、大正の古写真にも稲穂の垂れた様子が見て取れるから、昔は極早稲の稲が使われたと思われる。現在は青々とした若い稲だ。この稲は、俗に厄除けのご利益があって煎じて飲めば熱冷ましになるなどといわれ、渡御の後に神輿会関係者が分け合っているようだ。

尾長野の神饌田では毎年、五月の最終日曜に「御田祭《おんださい》」が営まれ、宮本組も有志が参列している。御田祭には祇園の八坂神社から神職が赴かれ、神前に供えられた苗が、八人の早乙女の手で植えられる。巫女の舞や獅子舞、丹波八坂太鼓の奉納があって、古来のお田植え祭をしのばせる古式ゆかしい神事となっている。

この神饌田では十月に「抜穂祭」が営まれて新穀が収穫され、十一月二十三日の「新嘗祭」で八坂神社の神前に献納されるほか、この田の藁でしめ縄がつくられて本殿に奉納されている。

忠臣蔵と祇園

祇園町の町年寄は一力亭の杉浦治郎右衞門が務め、明治維新期の九代目当主は、宮本組組頭や弥栄小学校の初代校長も務めた人物だ。上知令で収公された本殿北側の境内地を氏子で買い戻して寄進するなど、八坂神社にも大きく貢献している。幕末に薩長の志士を支援し、維新後に収公された建仁寺の境内地を買い取って現在の花見小路南側のお茶屋街を開いたのも九代目の主導によるものとされ、「祇園が今の繁栄を築いたのは九代目さんの功績」といわれている。

祇園で最も歴史があり、規模も大きく、唯一四条通に面したお茶屋であることはもちろんだが、一力亭の名が全国に知られるのは、「仮名手本忠臣蔵」七段目「祇園一力茶屋の場」の舞台であることも大きいだろう。元は「万亭」という屋号であったのを、芝居の作者が「一力」ともじったのが有名になり、本家のほうも「一力亭」と呼ばれるようになったという。現在ではさらにもじって、「一里起」の表記が使われる場面も見られる。

真山青果作の「元禄忠臣蔵」が取材しているように、大石内蔵助が遊興したのはもっぱら伏見撞木町の「笹屋」であったとか、祇園でも一力に並ぶ老舗だった「井筒」に通ったなどという説もあって史実はよく分からないが、一力亭が当時から祇園を代表する大茶屋であったことは間違いない。忠臣蔵のイメージも定着しており、現在でも一力亭では大石の右二つ巴紋を染めつけた酒器を使っているし、毎年三月二十日の命日には「大石忌」を営んで招待客をもてなし、大石が爪弾いたという三味線なども展示されている。

祇園町と忠臣蔵のゆかりは深く、一力亭の筋向かいにある原組頭の「原了郭」は、赤穂浪士の原惣右衛門の一子、儀左衛門道喜が元禄十六（一七〇三）年に開いた香煎の老舗である。また、向かいの土産物店「與市兵衛」はお軽の父親の名から取った屋号で、少し前までは、與市兵衛が山崎からお軽を祇園に送ってきたときに下げていた弁当にちなんだ「おにぎり菓子」を売っていた。しゃぶしゃぶの元祖の店として知られる花見小路の「十二段家」は、南座で「忠臣蔵」十一段を観劇した後の「十二段目」として食事を楽しんでもらう、との意を込めた店名である。かつては一力亭の南側に「由良之助」と称する料理屋があって二つ巴紋の暖簾を掲げていたこともあ

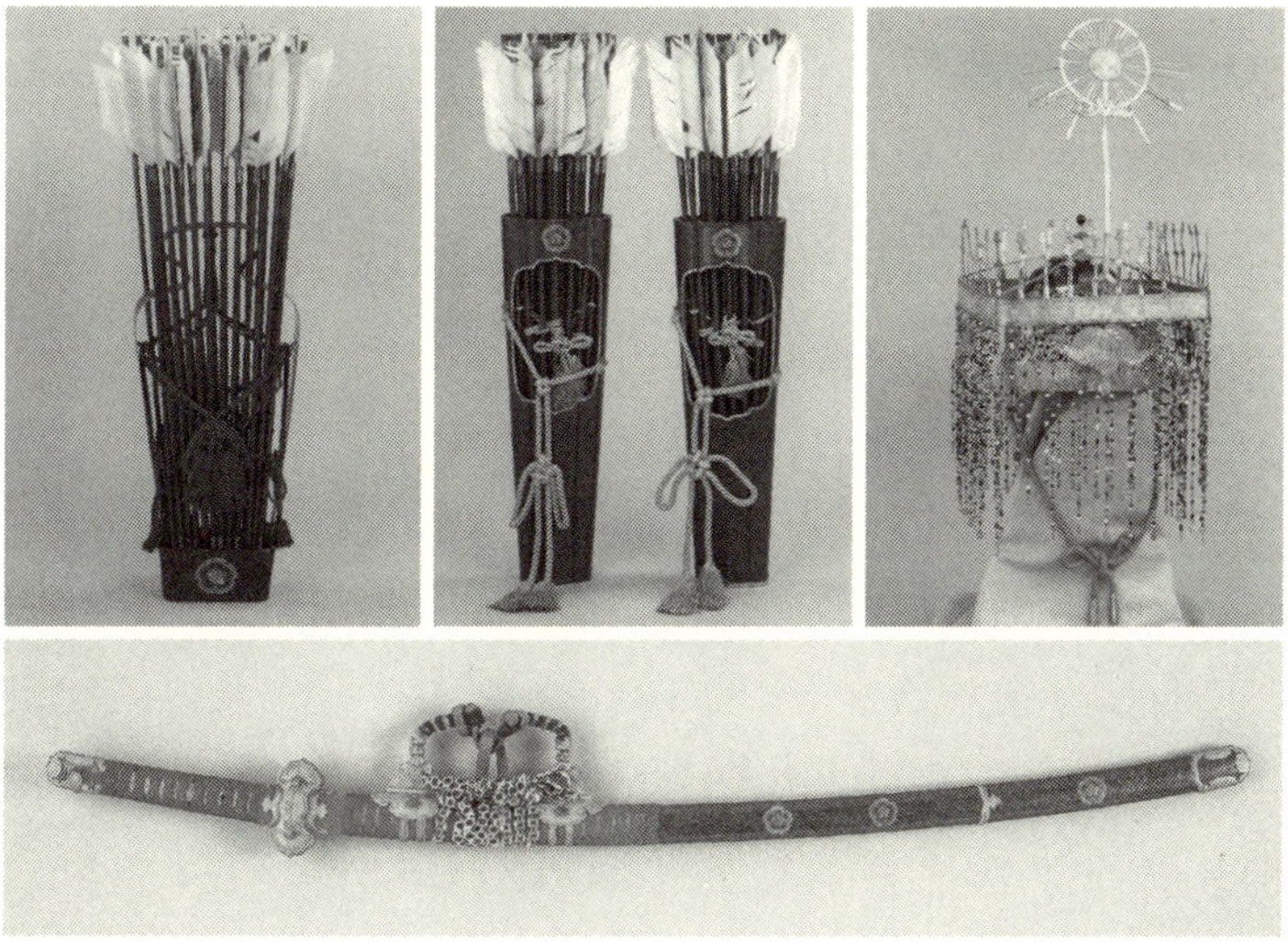

上：右より「玉冠」３頭のうち中御座の「冕冠」、「梨地矢・唐花木瓜紋蒔絵螺鈿靫」、「梨地矢・唐花木瓜紋蒔絵螺鈿箙」。下：重要文化財「太刀」の「金梨地木瓜紋蒔絵糸巻太刀拵」

り、いかにも花街らしい虚実ない交ぜの物語世界が面白い。

ご神宝

平成十四（二〇〇二）年に八坂神社本殿の平成の大修理竣功を記念して京都国立博物館で「祇園・八坂神社の名宝」展が開かれ、重要文化財二十点を含む八坂神社の古文書やご神宝七十七件が公開されたことがある。当時私は京都を離れていたので展覧会には行けなかったのだが、後日、図録を開いて仰天した。重要文化財の太刀の隣に掲載されていた弓や矢が、少し前まで祇園祭で宮本組が捧持していたご神宝そのものだったからである。

八坂神社の社殿は過去に何度も火災に遭っており、その都度元のとおりに再建されてきた。現在の本殿は正保三（一六四六）

戦前の神輿渡御で徳川家綱献納の「御弓」を捧持する宮本組。神宝行列では平成10年ごろまで現物が使用されていた

年に焼失した後、四代将軍徳川家綱により承応三（一六五四）年に再建されたもので、重要文化財に指定されている。幕府はこのとき、併せてご神宝一式を調進しており、錦織の装束類や檜扇、玉冠、剣、瓶子、香炉などの諸道具が現在に伝えられている。現物数十点と合わせて、八坂神社には同年十一月二十二日付、社務執行祐満による『祇園社御造営神宝諸道具請取帳』が伝存しており、製作の由緒が明確であるという点でも極めて貴重なご神宝である。

ご神宝はいずれも三座のご祭神それぞれの分が用意されているが、とりわけ玉冠のうち一つは、天皇だけが用いる「冕冠《べんかん》」という特殊な形式でつくられており、皇祖天照大神の弟である素戔嗚尊への特別な敬意が表されているという。

全体が漆塗りの弓には蒔絵で唐花木瓜の

ご神紋が施されており、矢は幅広の箙（平胡簶）に入ったものが一つと、壺型の靫（壺胡簶）に入ったものが二つ。矢の一本一本にも梨地蒔絵が施され、矢筈は水晶という手の込んだ細工である。これも全体に梨地蒔絵が施された箙と靫には大きくご神紋が入り、中央の唐花部分は螺鈿できらきらと輝いている。初めて持たせてもらったときに、ほれぼれと見とれたのを覚えている。ご神宝は白手袋をはめたうえに、紫の袱紗で丁寧に捧持するのだが、さすがに重要文化財並みの貴重品とは思っていなかった。休憩時に目を離したり、雨に濡らしてしまった過去を思い返せば汗顔の至りである。

現在、お祭で捧持する御弓、御矢は近年の複製品で、さすがに幕府が威信をかけて製作したものと比べるわけにはいかないが、靫には蒔絵が施され、御弓も錦の袋に納められている。御剣や御琴は以前から複製品だったが、御矛と御楯はずいぶん古いもののようだ。沿道ではまれに、ご神宝に向かって手を合わせるお年寄りの姿もあり、原組頭は毎年、捧持する組員に「お宝は命よりも大事なものやと思ってご奉仕してほしい」と呼びかけている。ご奉仕する組員も、由緒あるご神宝を預かる責任の重さをかみしめている。

お宮の本の奉仕

氏子のご奉仕は祇園祭だけにとどまらず、年間を通じてさまざまなかたちで神様へのご縁をいただいている。毎月一日と十五日に八坂神社本殿で執り行われる月次祭は、各学区の清々講社が持ち回りでご奉仕しているが、宮本組だけがご奉仕する祭礼もある。

例年の祭礼では、二月三日の大年社祭がある。本殿の西側に奉斎されている末社、大年社は、八柱御子神の一人である大年神と巷社神をお祀りする神社だが、明治までは牛王地社、巷社と呼ばれて南楼門の南約一丁の祇園下河原にあった。祇園社にお百度参りをするときは、この社から本社までお百度を踏んだため、下河原に「百度大路」の一名があったという。大年社は「祇園古宮」と呼ばれており、下河原一帯には「元祇園」の名がある。つまり貞観年間に観慶寺建立に合わせて現在地に祇園天神堂が築かれる以前に、八坂造が祀る天神の社があった故地であり、小さな末社ではあるが、八坂神社の歴史の元となる重要なお宮である。下河原が弥栄学区の一角に含まれることもあって、宮本組と学区の八坂神社婦人会会員らが参列するのが恒例となっている。

これらとは別に特筆すべきなのが、遷座祭へのご奉仕であろう。境内の摂末社の社殿を修繕する際には、神様を仮に本殿にお遷しする仮遷座祭を営んでお留守の間に修理し、竣功の後、元の社にお戻しする正遷座祭が執り行われる。これらの際に、権宮司が奉るご神体を白布の絹垣で覆って、神様のお側近く仕える役割を宮本組が承る例になっている。私も平成三十（二〇一八）年には、三月十四日に行われた厳島社正遷座祭と、八月十四日に行われた疫神社仮遷座祭で、白一色の浄衣に身を包んで絹垣をご奉仕させていただいた。

さらに数十年に一度行われる本殿の大修理でも、三座の神様が御する御羽車をお運びし、ご神宝を捧持しての供奉を仰せつかっている。直近では、平成十一（一九九九）年から三年にわたって行われた平成の大修理にともない、舞殿を壁で覆って特設された仮殿に神様をお遷しする仮殿遷座祭が同年三月十日に、竣功後の平成十四（二〇〇二）年四月十五日に本殿遷座祭が執り行わ

上：本殿西側に祀られている大年社。下：疫神社仮遷座祭では宮本組が浄衣に身を包んで絹垣をご奉仕した

れ、遷座祭宰領は当時の宮本組組頭である杉浦貴久造さん、副宰領は副頭で「祇園辻利」先代の三好通弘さんが勤めた。

私も本殿遷座祭にご奉仕させていただいたが、一週間ほど前に本番どおりの狩衣を着装しての習礼《しゅらい》(リハーサル)があり、当日は何時間も前に清々館に参集し、順に潔斎所で水を浴びて身を清めるという厳粛な神事だった。夕闇のなかでご神宝を捧持し、神様のお進みになる筵道のすぐ側を供奉した感動は、十七年後の今もなお鮮やかである。

奉賛札

祇園祭の期間中、氏子各家の門前に貼り出されるのが奉賛札である。祭の経費を集めるため、各神輿会では神輿の通る沿道の各家からお神酒料を集め、ご奉賛の印として「御神酒」と書かれた札や粽を配るのである。私の家の前は東若御座がお通りになるため、七月に入ると四若の役員さんが訪ねてこられてお神酒料を納めるのが恒例になっている。四条通のお店などは全ての神輿が通るため、何枚もの札が貼られているのも華やかな光景だ。

宮本組でも二十年ほど前から「御奉賛」と書かれた奉賛札を配り、幅広くご奉賛を募るようになった。昔はなかったのはなぜかというと、経費が少なくなる都度、役員さんが大口で寄付して賄っていたというから浮世離れしている。

奉賛金集めも役員の仕事である。六月の半ばごろに組頭宅に集まって粽や扇子、手拭いなどの待遇品と奉賛札を準備し、弥栄学区一円を分担して回るのだ。平たくいえば集金なのだが、どの

神事用水清祓式で奏楽する楽人。弥栄雅楽会の先生方に交じって宮本組雅楽班の組員も日々の祭礼にご奉仕している

家もすすんで払ってくれ、「暑いのにご苦労さんどすな」とねぎらってくれたりするのが嬉しい。「これはお蠟燭代に」と奉賛金とは別封でお供えを下さるお茶屋さんなどもあり、祭を支える氏子の熱意に感動させられている。

弥栄雅楽会と宮本組雅楽班

神事にはつきものの雅楽だが、江戸時代までは宮中と一部の寺社などに限られたものので、一般に伝習が開放されたのは明治六（一八七三）年五月二十七日の太政官布告による。八坂神社では、一力亭の杉浦治郎右衛門の呼び掛けで弥栄雅楽会が創立され、以来、神社での奏楽を担当してきた。当初は祇園町の旦那衆、つまり当時の宮本組が加わったもので、会長は代々杉浦家当主が受け継いでいる。

弥栄雅楽会は神事での奏楽に加え、祇園祭では神輿渡御や神事用水清祓での道楽をご奉仕されている。祇園臨時祭に由来する六月十五日の例祭での東遊や、前夜の御神楽奉納も弥栄雅楽会の役割だ。

創立の志に倣って、宮本組も神事での奏楽にご奉仕できるようにしたい、と当時の今西組頭が呼びかけて、宮本組雅楽班が設置されたのは平成十七（二〇〇五）年九月のことだった。それから毎月二回、弥栄雅楽会の先生方の指導を受けて、三、四十人が龍笛、篳篥、笙の稽古に励んでいる。私は当初、篳篥を習いはじめたが、転勤もあって半年で挫折。数年前から龍笛で復帰して亀の歩みを続けている。最初から休まず続けている人たちは十数年のキャリアを積んでおり、月次祭で先生方に交じって奏楽の奉仕を勤めるほか、祇園祭で弥栄雅楽会のお手伝いに回る場合も見られる。

宮本組のご奉仕は原則的に男性に限られているが、雅楽班には女性も数多く加わり、氏子区域外からの参加者もあって、諸行事に熱心に参加しており、少人数ではあるが、八坂神社を護持する新たな動きということもできるだろう。雅楽班への参加がきっかけとなって地域外から宮本組に参入する組員も増えており、祇園祭ご奉仕の輪も広がっている。

祇園篠笛倶楽部

雅楽班の設置から数年後、宮本組役員の坂田憲治さんらが中心になって平成二十（二〇〇八）年ごろに発足したのが「祇園篠笛倶楽部」である。祇園祭や八坂神社への奉仕には直接関係のな

宵宮神賑奉納前夜祭で奉納演奏する祇園篠笛倶楽部

い趣味のグループではあるが、宮本組組員や雅楽班のメンバーも多く加わり、直接、間接にさまざまな関わりをもっている。現在は役員を務めている御所人形作家の島田耕園さんをはじめ、都をどりの裏方でも活躍する三味線職人の野中智史さんなど、篠笛倶楽部が入口になって宮本組に参入した組員も少なからずいる。

七月十五日に祇園商店街で行われる宵宮神賑奉納前夜祭では、平成二十一（二〇〇九）年から奉納演奏を続けており、揃いの浴衣姿で四条通を練り歩きながらの演奏も名物になりつつある。二十四日の還幸祭でも、三条御供社近くで神輿を迎えて奉納演奏しており、現代の祇園祭を彩る風流行事の一つといえるだろう。

雅楽班も篠笛倶楽部も、稽古のために日常的に集まる機会をもっているということの意義は大きく、祭を軸とした地元の人間関係を再構築する役割を担ってきた。結果的に本家である宮本組の祭礼奉仕に対する機運を盛り上げたという意味でも、大きな役目を果たしている。

花街の祇園祭

四花街が氏子

「祇園」と聞いたときに、多くの人が思い浮かべるのは、石畳におこぼの音を響かせて、だらりの帯をなびかせる舞妓の姿だろう。そしてそれはおそらく多くの場合、「京都」と聞いて真っ先に想起されるイメージでもある。例えば高速道路でも、府県境にある「京都府」の標識には舞妓のイラストが描かれている。花街、花柳界は今でも各地に残っているが、祇園が全国の花街を代表するイメージともなり、花街が京都を象徴するイメージの一つになっているといって差し支えないだろう。

京都には現在も祇園甲部、祇園東、先斗町、宮川町、上七軒と五つの花街があり、一時期は芸舞妓の総数が減って将来が懸念されたこともあったが、全国から舞妓志望者が集まるようになった現在は、おおむねかつての賑わいを取り戻している。お茶屋のお座敷はなじみ客のみのいわゆる「一見さんお断り」の世界だが、それぞれに「都をどり」、「祇園をどり」、「鴨川をどり」、「京おどり」、「北野をどり」という独自の舞踊公演を開催して、内外の観光客に親しまれている。

この京都五花街のうち、北野天満宮の門前町として発展した上七軒は別として、残る四花街は全て八坂神社の氏子である。上七軒が豊臣秀吉の北野大茶の湯を淵源とし、上京の西陣を主な客筋として発展してきたのに対し、室町時代、祇園社門前の茶店を元に、江戸時代初期に増えた水茶屋が、寛文年間の再開発によって花街化したのがほかの四花街だ。下京の中心部、日本最大の富の集積地であった室町が祇園社の氏子区域であり、祇園祭を日本有数の大祭に育て上げたのと同時に、これら四花街の繁栄をもたらしたというわけだ。四つの花街の芸舞妓も全て八坂神社の氏子であり、今もそれぞれに、神社とは密接な関わりをもっている。

このうち、祇園甲部と祇園東が弥栄学区に所在。先斗町は立誠《りっせい》学区、宮川町は新道学区に位置している。祇園は元々一つの花街であったが、明治になって建仁寺の寺地であった四条通南側や、四条花見小路の北東側にあった膳所藩邸の跡地にお茶屋街が拡大するなかで、明治十四（一八八一）年に祇園外六町、内六町を中心とする祇園甲部と、古くは膳所裏と呼ばれた東側の祇園乙部に分離された。戦後になって、甲乙ではイメージが悪いというので、乙部が祇園東新地、次いで祇園東と改称して現在に至っている。

花街というものは女系社会であり、私が育った昭和の祇園東も、町内におじいさんの姿は数えるほどで、おばあさんばかりが大勢おられた印象がある。お茶屋の家に生まれた男も、芸妓さんでも嫁にもらってお茶屋のお主人《とう》さんで納まっているというケースは少なく、商売は女に任せて外に勤めに出るか、飲食店で修業して自分で店を開くような場合が多かった。私などは明らかに、地道に働くよりはお茶や芸事にでも入れ込んでいたい性分なのだが、幼少期に母がすっぱりとお茶屋を廃業して継ぐべき家業をなくしてしまったのは、どうもこいつは碌な大人になりそうもな

月夜に浮かび上がる舞殿。献灯されている提灯には、お茶屋や芸妓の名前も多く見られる

い、とお見通しだったからなのだろう。

宮本組でもお茶屋のご主人は少なく、堅いお商売の家が大半だ。一方でお茶屋の女将さんなど花街を支える数多くの女性たちは、八坂神社婦人会で神社にご奉仕している。以前に宮本組で何かの会合の後に飲みに行った席が偶然、お茶屋の息子ばかりで、「考えてみたら珍しいことやなあ」と話題になったこともある。同席した芸舞妓さんはこのごろのことゆえ他府県出身者ばかりで、お客のほうが全員祇園生まれというのも「けったいなもんや」と笑い合ったものだった。

祇園町でもお茶屋の中だけのようだが、室町などの洛中を指して「お町《まち》」という表現がある。堅気のお商売に対して水商売のこちらをへりくだって言うような意味合いで、両者の習慣や常識の違いなどを言うときに使われることが多い。一方の「お町」のほうにも花街に対して、非日常空間へのある種の憧れのようなものがあるようで、私などでも学生時分に通った謡やお囃子の稽古場などで、住まいが祇園だということだけで、先生やお弟子のおばさま方にずいぶんちやほやしてもらったものである。

八坂神社にとっても祇園祭にとっても、室町の町衆が氏子であったことと同時に、氏子区域に花街が発展したことが、より特殊性をもたらしているということができるだろう。

ご祭神の噂

祇園祭の神輿は主祭神である素戔嗚尊の一基と、お妃・皇子女の二基だが、祇園でも年配の芸妓さんなどが声をひそめて、「ほんまは本妻さんと二号さんやて聞いてるえ」とささやくのを聞くことがある。花街らしい艶めいた迷信だと思いそうだが、実は根拠のない噂ではない。戦国時代のポルトガル人宣教師、ルイス・フロイスの『日本史』にも、「午後、彼らは非常に立派に飾られた大きい輿を持って神社から出る。多数の者がその輿を肩に担ぐが、その中にかの〔祇園と称せられる〕偶像があると言われる。民衆は皆頭を下げつつ、双手を挙げてこの輿を拝む」、「その後方から別の一台の輿が来るが、人が語るところによると、それは祇園の妾の輿だと言われ、それから銃の一射程離れて一定の位置に、続いて祇園の正妻の輿と言われるものが来る。ここにおいて、正妻の妾に対する嫉妬と悲哀なるものを表徴して、幾つかの滑稽な儀式が行なわれる」と書かれているのだ。これはすなわち、当時の都人たちにとってそれが常識だったということを意味している。それからおよそ四百五十年を経てなお、口伝えにこうした民間伝承が残されていることは驚くべきことだろう。

第三章で述べたことの繰り返しになるが、室町時代の『二十二社註式』でも、祇園社のご祭神を「西間、本御前奇稲田媛垂跡、一名婆利女、一名少将井」、「東間、蛇毒気神、龍王の女、今御前なり」としており、西御座を本御前（先妻または正妻）、東御座を今御前（後妻または側妻）とする伝承があったことが分かる。現在の本殿が再建された承応三（一六五四）年調進のご神宝も、檜扇や夜着、諸道具など、男神用が一組、女神用が二組となっているものが多く、東西のご祭神がともに女性であると想定されていたことが窺える。

「龍王の娘」は本来、西御座の婆利女であり、「蛇毒気神」は東御座の八王子に併せ祀られていた正体不明の神様なので、伝承の混乱が生んだ誤解であることは明らかだが、いかにも中世的な、人間臭く呪術的な言い伝えだと思うと面白い。一つには中御座と東御座は一緒に大政所御旅所へ渡御し、西御座のみ少し離れて出発し、別の御旅所（少将井御旅所）に渡御するという、考えてみれば少し不思議な風習が、こうした臆測を生んだものとも考えられる。それにしても、神仏分離でご祭神の名前が改められてから百五十年。四条通の南北に分かれていた神輿舎が一体化されてからでも百年経つというのに、祇園町の風説力には驚くばかりである。おそらく百年後になってもそんな噂がこっそりとささやき続けられるのかと思うと、不謹慎ではあるが少々愉快な気持ちになることを禁じ得ない。

花傘巡行と節分祭

花街という古い街のことなので信心深い人が多く、お茶屋に神棚、仏壇が祀られているのはもちろん、季節ごとに方々の神参り、寺参りに出掛ける風習は色濃く残っている。節分に東西南北の寺社に参拝する「四方参り」なども、お茶屋組合でバスを仕立てて行っている花街もある。お参り、といえば止める人もいないから、うちの母が舞妓のころなどは、日々のお稽古の帰りに仲間同士で八坂神社へお参りし、行き帰りに東の間のおしゃべりを楽しむのが習慣だったといい、そのころ顔なじみになった神職とは後年になっても、「お名前は知らんねんけど」と言いながら、親しく言葉を交わしていた。舞殿に献灯されている提灯にも、お茶屋や芸妓の名前が多く見受けられるのが祇園らしいところである。

氏子の四花街が直接ご奉仕しているのが、七月二十四日の花傘巡行と、二月の節分祭だ。

昭和四十一（一九六六）年に山鉾巡行が前祭に一本化された際に、後祭に始まったのが花傘巡行である。全体的に、祭礼の風流行事の原点に立ち返るというコンセプトが意識されており、四花街の芸舞妓らも舞踊奉納で列に加わっている。隔年で二花街ずつ、祇園甲部と宮川町、祇園東と先斗町の組合せでご奉仕している。

当初はほかと同様に徒歩で行列していたが、炎天下に芸舞妓さんを歩かせるのも気の毒だ、ということになったようで、今では提灯と造花で飾った屋根つきの屋台に乗って参列している。

出し物は祇園甲部が雀踊、祇園東が小町踊、先斗町が歌舞伎踊、宮川町がコンチキ音頭で、巡行の後に舞殿で奉納される。炎天下に汗一つ見せず、涼やかな表情で舞う芸舞妓の姿は見ものである。

右上より順に、花傘巡行の後に奉納される祇園甲部の雀踊、祇園東の小町踊、先斗町の歌舞伎踊、宮川町のコンチキ音頭

右：節分祭で年男とともに豆をまく舞妓。左：舞の奉納も行われる

節分祭では、前日の二月二日に先斗町と宮川町、当日の三日に祇園甲部と祇園東の芸舞妓が順番に登場し、舞殿で舞踊を奉納。年男、年女に交じって豆まきも行っている。氏神様での奉納ということで、芸舞妓にとってはお座敷や舞踊公演とはまた違った緊張感があるようだ。誰でも見に行けるということで、花傘巡行とともに観光客にも人気のご奉納である。

みやび会お千度

花街と祇園祭の関わりということでは、「みやび会」のお千度が挙げられる。京舞井上流家元、井上八千代師の一門が打ち揃い、例年七月四―九日ごろに八坂神社に参拝する行事である。井上流は祇園の外に稽古場を設けず、逆に明治以来、祇園甲部の舞は井上流に限り、伝習は女性のみ、という日本舞踊のなかでも特殊な流儀である。祇園甲部では、立ち方の芸妓と舞妓の全員が井上流門下のため、お千度には芸舞妓の大半が参列することになる。

家元以下、全員が新しく誂えられる白地の浴衣で参拝。毎年の浴衣のデザインも話題になり、真っ白に白粉を塗っていない舞妓さんの普段着姿も珍しい、というので、新聞やテレビでも報道されている。

五花街はいずれも舞踊の流儀が異なり、祇園甲部の井上流のほかは、祇園東が藤間流、先斗町が尾上流、宮川町が若柳流、上七軒が花柳流になっている。井上流の家元は祇園町に隣接する新門前通にお住まいで、八坂神社の氏子にあたるため、神社との結びつきも深いようだ。

祇園甲部では、毎年四月の約一か月間「都をどり」の公演が繰り広げられるが、三月十五日の

長刀鉾の日和神楽

八坂神社月次祭は開演奉告祭、五月一日の月次祭は終了奉告祭を兼ねて斎行される。普段は十時開始の月次祭は、この二回に限って十一時から執り行われることになっている。理由を確かめたことはないが、朝の遅い花街に神様もご配慮されているのかと思えば少々面白い気がする。

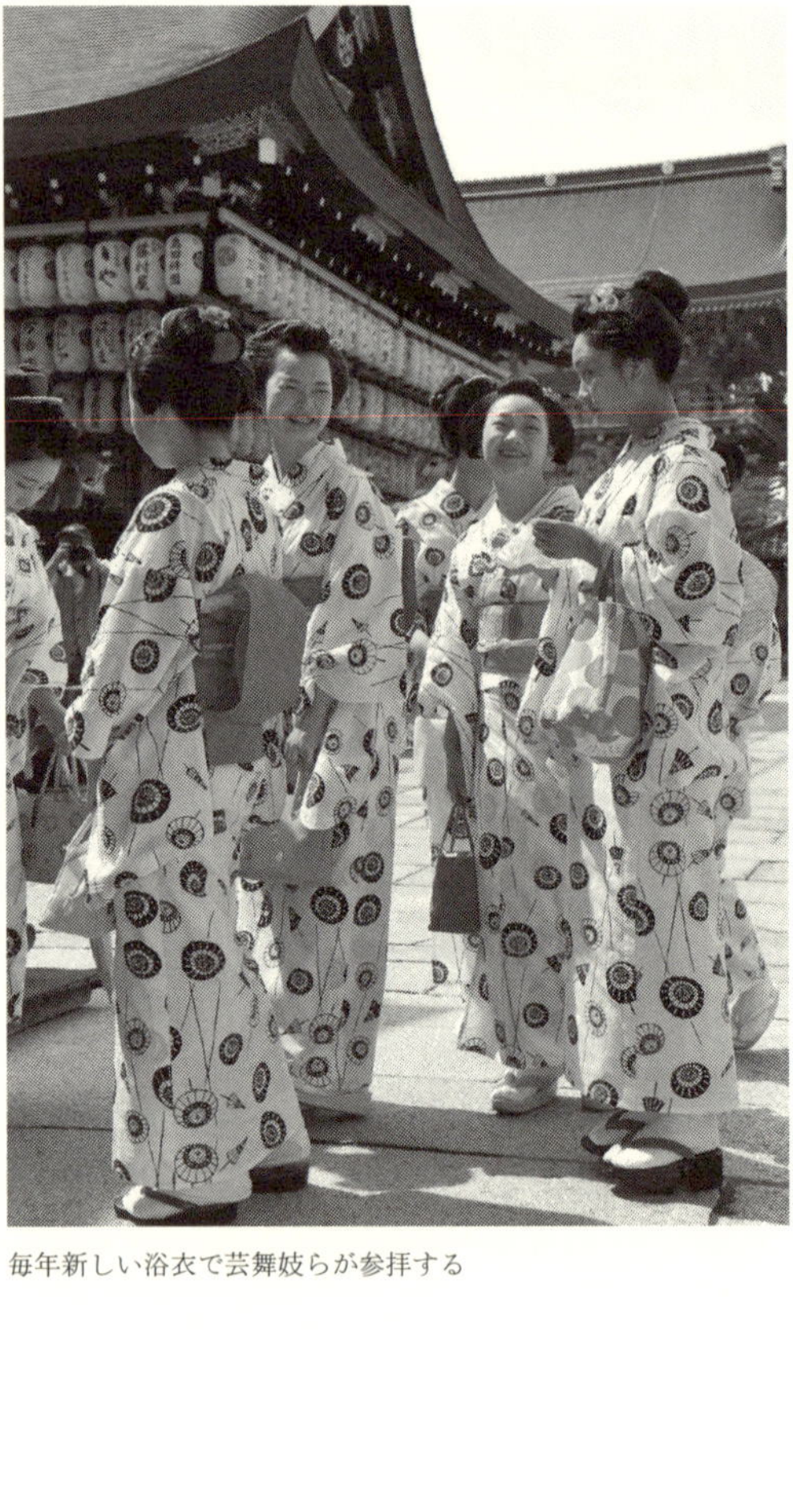

毎年新しい浴衣で芸舞妓らが参拝する

上：７月16日深夜、他の山鉾と挨拶を交わしながら四条通を八坂神社へ進む長刀鉾の囃子方。
下：舞殿前で祇園囃子を奉納し巡行の晴天を祈願する

山鉾巡行の前夜の十六日と二十三日には、翌日の晴天を祈って山鉾の囃子方が屋台で囃子を演奏しながら社参する「日和神楽《ひよりかぐら》」という風習がある。現在は大半の山鉾が御旅所までになっているが、長刀鉾だけは昔どおり、鴨川を越えて八坂神社まで参拝し、舞殿の前で数曲を奉納する習いとなっている。

往きは四条通をほぼ直行する一行だが、帰りは東大路から坂を下って、四条通南側の花街に入っていく。昔からのつながりで数軒のお茶屋から差し入れがあり、お返しの演奏が行われている。時刻はおよそ午前零時過ぎ。日付も変わって巡行当日になっているが、事情を知っているお客がなじみの芸舞妓と座敷で来訪を待つ風習もあるようだ。囃子方のほうでも、巡行当日は裃で供奉する役員の姿があったり、太鼓方を務めるベテランが笛を吹いていたりと、このときならではの顔触れを見ることができる。観光客の姿もない深夜の祇園に、祇園囃子の音色が響くのも趣深い情景である。

舞妓の勝山

京都の舞妓は今でも全員、地毛で日本髪に結っており、色鮮やかな花かんざしとともに花街に風趣を添えている。舞妓は中学を卒業した十五歳ごろから二十歳ごろまでと決まっており、年齢に応じて姿も変化していく。

約一年間の「仕込み」期間を終え、「店出し」した舞妓は「割れしのぶ」に髪を結い、裾模様に加えて両肩に模様のある華やかな衣装を身にまとう。半襟も地色の赤が多く見え、最初の一年

右：年長の舞妓が祇園祭の期間だけ結う「勝山」。中上より順に「割れしのぶ」、「おふく」、「奴」、「先笄」

間は下唇だけに紅を差す決まり。総じて子供らしい可愛らしさを強調した装いになっている。

衣装の肩や袂に縫い上げがあり、だらりの帯を結んだ姿には変わりがないが、店出しから二年ほどすると肩模様は左肩だけになり、半襟も白や金銀糸の刺繍が増えて、やや大人びた装いになる。花かんざしも小さな花がちりばめられたものから、同じ種類の花でも一つ一つの花が大きく、落ち着いたものへと変わっていく。髪形も、髷を左右に割って鹿の子をつける「割れしのぶ」から、黒髪を大きく結って落ち着いた印象の「おふく」へと変わり、正月など黒紋付で正装する紋日には「奴《やっこ》」、芸妓に「襟替え」する直前の十日間ほどは「先笄《さっこう》」という特殊な髪形に結う。

普段は「おふく」にしている舞妓が、祇

園祭の期間だけに結うのが「勝山《かつやま》」だ。髷が根高く結われ、その前に銀色で幅広の華やかなかんざしを挿すため、芝居に登場する姫君のような豪華な印象になる。舞妓が髪結いに行く日程次第で多少の前後はあるが、氏子各家が晴れの神事期間とする前の神輿洗から後の神輿洗の期間に限っての風習である。

意味から考えると、本来は八坂神社の氏子の四花街で起こった風習のはずだが、北野天満宮の氏子の上七軒でも、近年は勝山に結う舞妓が多いようで、祇園祭も京都全体のお祭というイメージになってきているのだともいえる。

薄物の着物に絽の帯を締め、勝山に結った舞妓の姿はこの時期だけの風物詩であり、慶祝を表す晴れの装いでもある。お客さんのほうでも「勝山を見る会」などと称してお茶屋に足を運ぶ機会が増え、お祭ムードを高めているようだ。

神輿洗の練り物

現在も行われている神輿洗の「お迎え提灯」が、かつては芝居町の役者や祇園町の茶屋衆によって行われた風流行事であったことは先述したが、同じく神輿洗の日にかつては、祇園の芸妓が芝居の登場人物などに仮装して練り歩く「練り物」という風習があった。いずれも江戸時代になって花街として勃興した祇園町の住人が始めたものであり、本祭の日ではなく神輿洗の日に行われたことが特徴的だ。祇園の住人にとって我が町のお祭というと、最初から最後まで祇園町の中で完結する神輿洗であるという点で、現在と共通する感覚を窺い知ることができる。

練り物の始まりはいつごろか、という点については、江戸時代の書物でもばらつきがあり、元禄年間（一六八八―一七〇四年）と書いたものもあれば、享保二十（一七三五）年と書いたものもある。そもそも地元の氏子ということで、祭礼の賑やかしとして自然発生的に始められたものとみられ、福原敏男・八反裕太郎『祇園祭・花街ねりものの歴史』、八反裕太郎『描かれた祇園祭』によれば、元禄年間に町方の子供たちによる仮装行列として始まり、おいおい芸妓が加わるよう

祇園東お茶屋組合に残されている昭和32年の練り物の写真から（以下同）。十二単の「上臈」

上：雛人形の三人官女を模したとみられる「官女」。下：市役所前で舞を披露する「静御前」

になって、おおむね享保年間（一七一六―三六年）には祇園花街の名物として定着していたようだ。

明治以降は祇園甲部と現在の祇園東が交代で、街ぐるみで催すようになり、祇園では一般に「お練り」と呼んで親しまれていた。ドイツの王子が人力車で見物に来た（明治十二［一八七九］年）とか、不況が理由でお練りが出せなくなった（明治十七［一八八四］年）といったエピソードも残されている。衣装などに相当の費用がかかるため、毎年とはいかなかったようで、明治二十

強力の肩に担がれて練り歩く姿が印象的な「高尾太夫」

大太刀を構えてポーズを決める「暫」

六（一八九三）年を最後に中断。戦前の昭和十一（一九三六）年に祇園東が再興したが、祇園甲部が実施する予定だった翌年は衣装代の負担をめぐって芸妓と組合がもめたうえ、京都市とルートで折り合わず再び中止に追い込まれている。

戦後は昭和二十八（一九五三）年、二十九（一九五四）年、三十二（一九五七）年、三十五（一九六〇）年の四回挙行された。昭和に入ってからの五回はいずれも現在の祇園東お茶屋組合の主催で、うちの母親も少女時代に、吉原花魁《おいらん》の禿役などで何度か出ている。牛若丸と弁慶、在原業平、静御前など趣向を凝らした扮装で三百人ほどが練り歩き、「乙部〔当時〕の芸妓もシャレている」と評判を呼んだという。長袴をはいた歌舞伎の「暫」や、十二単姿の小野小町など、汚れや傷みをいとわず路上を歩いた、というのがいかにも浮世離れした花街らしさである。昔は見物人から「所望!」の声がかかれば芸を披露したとの由緒にしたがって、大和大路から三条、木屋

三味線を手にした「先囃子」、「後囃子」の芸妓衆も裾を引いた艶やかな扮装で歩いた

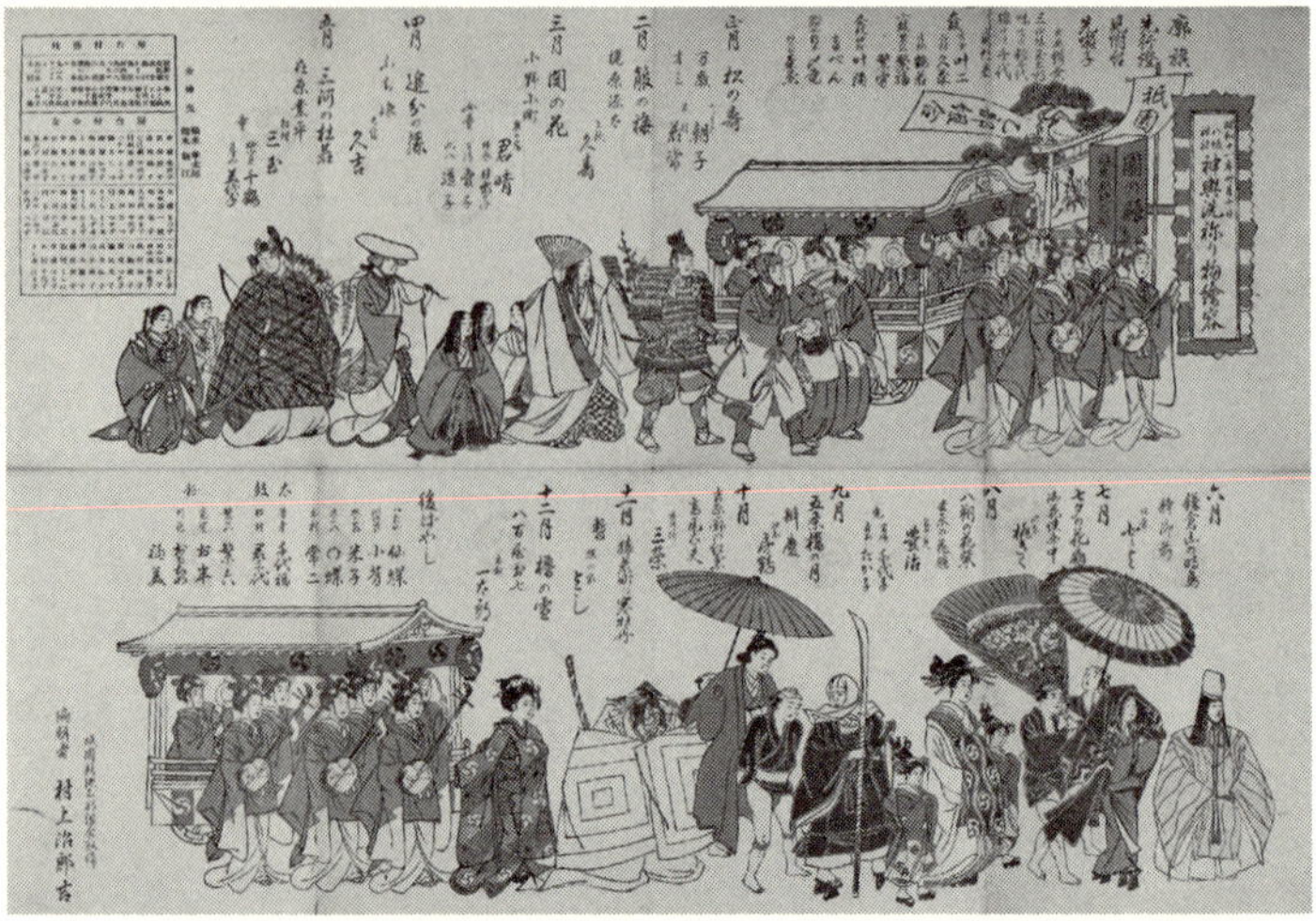

色版画刷の練り物の番付。昭和11年の再興時のもので、８月「吉原の花魁」には数年前まで現役で活躍していた芸妓・豊治さんの名が見られる

町から御池、寺町、四条などを巡行した行列の途中でそれぞれ舞を披露し、沿道は鈴なりの人波で賑わった。

江戸時代にも、行列に出る芸妓の絵入りの番付が人気だったようで、古いお茶屋などではこれを掛軸に仕立てて祇園祭の時期に掛けている姿も見られる。昭和の復活時も鮮やかな版画刷の番付がつくられており、今でも時折、古本屋の店先で見かけることがある。

古き良き日々の残照のような話であるが、近年は祇園東の鎮守である観亀稲荷神社の例祭（五月十五日）の宵宮で当時の衣装が展示されたり、平成二十八（二〇一六）年には「歓無極《かんむきよく》園《そのの》賑《にぎわい》――祇園祭ねり物をふたたび」と題して「祇園をどり」のテーマとなるなど、再び注目されはじめている。行列の先囃子、後囃子が乗り込んだ屋台も近年まで八坂神社に保管されており、復活が取り沙汰されたりしている。

お茶屋「中勇」のご主人で、祇園東お茶屋組合取締を務める中西三郎さんは宮本組幹事でもあり、私にとってはご近所の先輩だ。「莫大な費用のかかることでもあり、簡単にはいかないが、祇園祭を盛り上げ、祇園町を盛り上げるために、何とか復活の機運を盛り上げていきたい」と熱意を込める。祇園東の芸舞妓は総勢二十人前後で、いきなり独立した行列は難しいかもしれないが、祇園をどりで使用した衣装を使うことは可能だろうし、お迎え提灯の行列に加わるとか、祇園商店街と協力してアーケードで舞を披露する、といった工夫も考えられる。

元来は祇園町全体の行事なのだから、祇園甲部と祇園東が協力し、合同で実施することができれば最高である。復活されれば大きな話題となることは間違いないし、江戸時代以来の氏子町として祇園町の面目を大いに施すことにもなる。私もゆかりの一人として、芸舞妓の「お練り」が再び祇園祭の名物として注目される日を待望している。

参考・引用文献一覧

八坂神社の文書・記録

『八坂神社文書』（復刻版）、官幣大社八坂神社社務所編、名著出版、昭和四十九年
『増補続史料大成　八坂神社記録』竹内理三編、臨川書店、昭和五十三年
『新修八坂神社文書（中世篇）』八坂神社文書編纂委員会編、臨川書店、平成十四年
『新編八坂神社文書』八坂神社文書編纂委員会編、臨川書店、平成二十六年
『新編八坂神社記録』八坂神社文書編纂委員会編、臨川書店、平成二十八年

八坂神社の公的刊行物

『八坂誌』八坂神社、明治三十九年
『八坂神社祭礼行列案内』八坂神社社務所、明治四十三年
『重要文化財　八坂神社本殿修理工事報告書』京都府教育委員会、昭和三十九年
『八坂神社』高原美忠、学生社、昭和四十七年
『八坂神社の研究』久保田収、神道史学会、昭和四十九年
『八坂神社』八坂神社編、学生社、平成九年

古典籍

『日本書紀』舎人親王ほか編、養老四（七二〇）年（『国史大系』第一巻、経済雑誌社、明治三十年）
『続日本紀』菅野真道ほか編、延暦十六（七九七）年（『国史大系』第二巻、経済雑誌社、明治三十年）

『日本三代実録』藤原時平ほか編、延喜元（九〇一）年（『国史大系』第四巻、経済雑誌社、明治三十年）
『日本紀略』平安時代（『国史大系』第五巻、経済雑誌社、明治三十年）
『釈日本紀』鎌倉時代末期（『国史大系』第七巻、経済雑誌社、明治三十一年）
『本朝世紀』信西編、平安時代末期（『国史大系』第八巻、経済雑誌社、明治三十一年）
『類聚符宣抄』平安時代（『国史大系』第十二巻、経済雑誌社、明治三十三年）
『二十二社註式』室町時代（『群書類従』第一輯巻第二十二、塙保己一編、経済雑誌社、明治二十六年）
『東寺長者補任』（『群書類従』第三輯巻第五十八、塙保己一編、経済雑誌社、明治二十六年）
『年中行事秘抄』（『群書類従』第五輯巻第八十六、塙保己一編、経済雑誌社、明治二十六年）
『新撰姓氏録』万多親王ほか編、弘仁六（八一五）年（『群書類従』第十七輯巻第四百四十八、塙保己一編、経済雑誌社、明治二十七年）
『山背国愛宕郡計帳』正倉院文書、天平四（七三二）年（『大日本古文書』巻之一、東京大学史料編纂所、明治三十四年）
『貞信公記』藤原忠平、延喜七（九〇七）―天暦二（九四八）年（『大日本古記録』貞信公記、東京大学史料編纂所編、岩波書店、昭和三十一年）
『小右記』藤原実資、天元五（九八二）―長元五（一〇三二）年（『史料通覧』小右記一・二、笹川種郎編、日本史籍保存会、大正四年）
『御堂関白記』藤原道長、長徳四（九九八）―治安元（一〇二一）年（『日本古典全集』御堂関白記上・下、与謝野寛ほか編、日本古典全集刊行会、大正十五年）
『中右記』藤原宗忠、寛治元（一〇八七）―保延四（一一三八）年（『史料大成』十二、笹川種郎編、内外書籍、昭和十年）
『梁塵秘抄』後白河法皇編、治承年間（一一七七―一一八一）（佐佐木信綱校訂、岩波文庫、昭和八年）
『一代要記』十三世紀、京都大学蔵本
『師守記』中原師守、暦応二（一三三九）―応安七（一三七四）年、国立国会図書館蔵本
『峯相記』十四世紀、大和文華館蔵本

『東国通鑑』徐居正ほか編、一四八四年（出雲寺松柏堂、寛文七年刻、明治十六年補刻）
『中臣祓抄』吉田兼倶、室町時代（笑林、寛文八年刊、早稲田大学蔵本）
『日次紀事』黒川道祐、延宝四（一六七六）年、愛媛大学蔵本
『雍州府志』巻第二、黒川道祐、貞享三（一六八六）年、立命館大学蔵本
『花洛細見図』金屋平右衛門刊、元禄十七（一七〇四）年序、国立国会図書館蔵本
『祇園会細記』山本長兵衛ほか刊、宝暦七（一七五七）年（『神道大系』神社編十・祇園、林屋辰三郎・宇野日出生解題校注、神道大系編纂会、平成四年）
『都名所図会』巻第三、秋里籬島、須原屋平左衛門ほか刊、安永九（一七八〇）年
『甲子夜話』松浦静山、文政四（一八二一）—天保十二（一八四一）年
『感神院牛頭天王考』松浦道輔、文久三（一八六三）年
『八坂社旧記集録』建内繁継、明治三年、国立国会図書館蔵本

その他

『京舞井上流歌集』四世井上八千代監修、祇園八坂女紅場学園、昭和四十年
『西成区史』大阪市西成区編、西成区市域編入四十周年記念事業委員会、昭和四十三年
『祇園祭——都市人類学ことはじめ』米山俊直、中公新書、昭和四十九年
『素戔嗚尊奉祀神社の調査』高原美忠編、素戔嗚尊奉祀神社の調査刊行会、昭和五十二年
『祇園祭細見（山鉾篇）』松田元、京を語る会、昭和五十二年
『写真記録　祇園祭』祇園祭山鉾連合会、昭和五十三年
『祇園祭——町衆としきたり』祇園祭山鉾連合会、昭和五十四年
『日本歴史地名大系二十七　京都市の地名』平凡社、昭和五十四年
『新訂増補国史大系　交替式・弘仁式・延喜式前篇』黒板勝美・国史大系編修会編、吉川弘文館、昭和五十四年

『近世京都町組発達史――新版・公同沿革史』秋山國三、法政大学出版局、昭和五十五年
『ザ・フォト祇園祭』京都書院、昭和六十一年
『ドキュメント祇園祭――都市と祭と民衆と』米山俊直編著、NHKブックス、昭和六十一年
『転生の都市・京都――民衆の社会と生活』辻ミチ子、阿吽社、平成十一年
『祇園信仰――神道信仰の多様性』真弓常忠、朱鷺書房、平成十二年
『完訳フロイス日本史一　将軍義輝の最期および自由都市堺――織田信長篇Ⅰ』ルイス・フロイス、松田毅一・川崎桃太訳、中公文庫、平成十二年
『特別展観　祇園・八坂神社の名宝』（図録）京都国立博物館、八坂神社、平成十四年
『祇園信仰事典』真弓常忠編、戎光祥出版、平成十四年
「御霊会に関する一考察――御霊信仰の関係において」伊藤信博（『言語文化論集』第二十四巻第二号、名古屋大学言語文化部・国際言語文化研究科、平成十五年）
『写真で見る祇園祭のすべて』島田崇志、光村推古書院、平成十八年
『京都の町家と町なみ――何方を見申様に作る事、堅仕間敷事』丸山俊明、昭和堂、平成十九年
『新版　祇園祭のひみつ』白川書院、平成二十年
『祇園祭――祝祭の京都』川嶋將生、吉川弘文館、平成二十二年
「スサノヲと祇園社祭神――『備後国風土記』逸文に端を発して」鈴木耕太郎（『論究日本文學』第九十二号、立命館大学日本文学会、平成二十二年）
『祇園祭の中世――室町・戦国期を中心に』河内将芳、思文閣出版、平成二十四年
『祇園祭・花街ねりものの歴史』福原敏男・八反裕太郎、臨川書店、平成二十五年
「『牛頭天王縁起』に関する基礎的研究」鈴木耕太郎（『立命館文學』第六百三十号、立命館大学人文学会、平成二十五年）
「京都番組小学校の創設過程」和崎光太郎（『京都市学校歴史博物館研究紀要』第三号、京都市学校歴史博物館、平成二十六年）

『絵画史料が語る祇園祭――戦国期祇園祭礼の様相』河内将芳、淡交社、平成二十七年
『中世京都と祇園祭――疫神と都市の生活』脇田晴子、吉川弘文館、平成二十八年
『描かれた祇園祭――山鉾巡行・ねりもの研究』八反裕太郎、思文閣出版、平成三十年
『放鷹――祇園祭鷹山復興のための基本設計』祇園祭山鉾連合会編、鷹山保存会、平成三十年
「近世祇園御旅所考」下坂守（『奈良史学』第三十六号、奈良大学史学会、平成三十一年）

あとがき

本書の企画が最初に宮本組の役員会で議題に上がったのは、平成三十（二〇一八）年の祇園祭をひかえた六月のことだった。神輿渡御の本来の形を再興するにあたって、神様のお側でご奉仕する宮本組の諸行事を記録し、祭の歴史や意味、言い伝えなどをまとめることで、氏子内外に祇園祭の本義について理解を広めたい、と考えたのだ。

宮本組に関する先行書としては、平成十八（二〇〇六）年に当時の今西知夫組頭が中心となり、私家版として刊行された記録写真集『宮本組』がある。今回も同様の形式を念頭に置いていたが、プライベートとはいえせっかく祭の記録写真を撮るのだから紙面で活用する手もある、と勤務先に打診したところ、「ぜひやりたい」という話になり、地域面で特集することになった。七月四日から九月十八日まで、二十一回にわたって『毎日新聞』京都版に連載した「祇園祭宮本組日誌」は、山鉾ではなく神輿にスポットを当て、担い手自らが綴る異例の同時進行ルポとして、予想を上回る注目と反響をいただくことができた。

時を同じくして宮本組内部からも、同じことなら一般向けに刊行して、祭の意義を広く知ってもらえるようにできないか、との声が上がってきた。複数のルートから可能性を探った結果、平凡社からお声をかけていただいて、このような形での出版が実現することとなった。

本文でも触れたとおり、私が初めて祇園祭にご奉仕したのは昭和六十三（一九八八）年、中学三年のときのことだ。

「林泉楽堂」の先代、林啓史さんが「そろそろお兄ちゃん、お祭出はらへんか」と言ってくれて、その紹介で宮本組の一員に加えてもらい、当日は「、や」の先代、櫻井功さんが狩衣の着付けに来てくれた。その後も毎年引き受けてくれたが、男衆が舞妓の着付けをするのと同じで、櫻井さんに当帯を締めてもらうと腹が引き締まり、長時間歩いても着崩れないのが不思議だった。二人とも当時、すでに行列へのご奉仕は引退しており、後を継いでいた子息がともに現在、宮本組副頭となっている。

うちの隣の路地奥が住まいである肉料理「安参」の榊原泰嗣さんが「一緒に行こか」と誘いに来てくれ、不慣れな後輩の世話を何くれとなく焼いてくれたことも、懐かしく思い出す。榊原さんや東大路の蕎麦「たきの」の瀧野昌郎さんが、祭の後には毎年のように、数人を自分の店や行きつけの店に連れていって労をねぎらい、貴重な昔話や笑い話を聞かせてくれたことは、忘れられない思い出である。

年長者が近所の若者の面倒をみて、さまざまな言い伝えやエピソードとともに、地元を担う心意気を伝える。伝統というものはどこでもそうやって育まれるものだと思うが、祇園町、宮本組にとっての祇園祭も、そうした営みを積み重ねて伝承されてきたものだ。四人の先輩たちが物故した今、祭が千百五十年を迎えたことを思い合わせると、曾祖父や祖父もそうであったように、私たち一人一人が時代を超えて受け継がれる祭の中継ぎ役であり、次代に伝統を伝える重大な役目を担っているということに、深い感慨と責任感をおぼえる。

発祥から千百五十年、令和初の祇園祭は、古儀復興の記念すべき祭となった。かつて今西先代組頭が「古式に則って、と言っても、去年と今年で違うところはなんぼでもある」と語ったことを印象的に覚えているが、本文でみてきたように、祭の姿は時代を追って変貌してきたし、周囲の意識にも変化があった。

今回、改めて昭和中期の文献を読み返して驚いたのは、祇園祭は神社から独立して行われる山鉾行事で、神事とは無関係な民俗行事であるかのような書きぶりが随所に見られたことだ。このころに行政主導で山鉾巡行の順路が変更され、後祭巡行が前祭に合同されたことを思うと、政教分離や経済最優先、空前の観光ブームという風潮のなかで、信仰が軽視された時代の空気を感じることができる。しかし、そんな時代にも氏子たちは黙々と、祖先から受け継いだ祭に奉仕しつづけてきたのである。祭の形や周囲の環境は変わっても、祭の担い手が抱きつづけてきた祈りの心は変わることがない。疫病を退けて災厄を祓い、天下万民の無事を願うという祇園祭の本質は、千百五十年前から揺るぎなく受け継がれてきたものであり、千年先、二千年先へと受け継いでいくものだ、ということを強調しておきたい。

本書は約三十年間におよぶ祭礼奉仕の経験をもとに、関係者への取材と文献による知見を加えて執筆したもので、記述内容は全て私個人の感懐や判断に基づくものであるが、原稿段階で八坂神社文教部の橋本正明禰宜、安居智美主事、宮本組の原悟組頭、今西先代組頭にお目通しいただいて、事実関係のチェックと助言をいただいた。また企画段階では、宮本組役員の皆さんに加えて、知遇をいただいている作家の柏井壽さん、マリンバ・木琴奏者で文筆家の通崎睦美さん、宮本組組員で写真家の久保田康夫さんにお骨折りいただき、編集については平凡社編集部の松井純さんにご尽力いただいた。

最後に、お忙しいなか序文を寄せてくださった森壽雄宮司と原組頭、貴重な古写真を含む写真をご提供いただいた皆様、私的な出版を快く認めてくれた毎日新聞社と、宮本組組員をはじめ祇園祭を支える全ての方々に深甚なる敬意と感謝を捧げて、本書の結びとしたい。ありがとうございました。

令和元年七月一日　祇園祭千百五十年の吉符入の日に

澤木政輝

写真提供

鍵善良房　一〇九、一一二、一一三、一三六、二一七下、二三八、二四四、二四六、二四七、二七六頁
川平愛　口絵八頁下／二九二、二九五頁
祇園東お茶屋組合　二九七、二九八、二九九、三〇〇、三〇一頁
京都府教育委員会　七一頁
小泉なおみ　二八三頁
公益財団法人京都文化交流コンベンションビューロー　二五八、二六〇頁
サントリー美術館　二二一、二二七頁
Studio BOW 高嶋克郎　口絵二頁下／二四、三五下、四九、七四下、七七下、八六、八七、八九、九〇、九四、一〇〇、一〇五下、一〇七下、一二九、二二二、二五〇、二五二下、二五五、二五六、二六四、二七一、二八六、二九〇、二九三頁
奈良国立博物館（佐々木香輔撮影）　一九頁
八坂神社　一九五、二二五、二七五頁
米沢市上杉博物館　二二四頁

五十音順。表記外はすべて著者撮影

澤木政輝（さわき　まさてる）

昭和四十八年、京都・祇園生まれ。京都大学法学部卒業。平成十年、毎日新聞社に入社し、大阪本社社会部、学芸部などを経て京都支局記者。昭和六十三年から宮本組で祇園祭に奉仕し、平成三十年から常任幹事。京都造形芸術大学非常勤講師も務める。著書に『京の美　都の響――京都芸大百三十年の歩み』（求龍堂、平成二十三年）、『カラー百科　見る・知る・読む　能舞台の世界』（共著、勉誠出版、平成三十年）がある。

祇園の祇園祭
神々の先導者 宮本組の一か月

令和元年九月十三日 初版第一刷発行

著 者 澤木政輝
発行者 下中美都
発行所 株式会社平凡社
住所 東京都千代田区神田神保町三―二十九
電話 〇三―三二三〇―六五七九(編集)
〇三―三二三〇―六五七三(営業)
振替 〇〇一八〇―〇―二九六三九

装幀 間村俊一
本文レイアウト 佐藤温志
組版 株式会社キャップス
印刷・製本 中央精版印刷株式会社

落丁・乱丁本のお取替は小社読者サービス係までお送りください(送料小社負担)
平凡社ホームページ https://www.heibonsha.co.jp/

ISBN978-4-582-83806-0 C0039
NDC 分類番号 386.162 四六判(19.4cm) 総ページ 326